일과 프로젝트를
성공으로 이끌 책

일＿＿＿잘하는
팀장

일 잘하는 팀장

초판 발행 • 2024년 4월 20일

지은이 • 이재호
펴낸이 • 이지연
펴낸곳 • 이지스퍼블리싱(주)
출판사 등록번호 • 제313-2010-123호
주소 • 서울시 마포구 잔다리로 109 이지스 빌딩 4층
대표전화 • 02-325-1722 | **팩스** • 02-326-1723
홈페이지 • www.easyspub.co.kr | **페이스북** • www.facebook.com/easyspub
Do it! 스터디룸 카페 • cafe.naver.com/doitstudyroom | **인스타그램** • instagram.com/easyspub_it

총괄 • 최윤미 | **기획** • 이수진 | **책임편집** • 임승빈 | **IT 1팀** • 임승빈, 이수경, 지수민
교정교열 • 박희정 | **표지 및 본문 디자인** • 트인글터
인쇄 • 명지북프린팅 | **마케팅** • 박정현, 한송이, 이나리 | **독자지원** • 박애림, 오경신
영업 및 교재 문의 • 이주동, 김요한(support@easyspub.co.kr)

ISBN 979-11-6303-574-9 13000
가격 17,000원

리더십은
비전을 현실로
전환하는 능력이다

워렌 베니스
(서던 캘리포니아대학교 리더십 연구소 창립 회장)

유능한 리더로 성장하는 첫걸음 '맥락'을 잡으면 길이 보입니다!

파리 여행을 준비한다고 생각해 봅시다. 일단 항공권과 여권이 있어야겠죠? 다음으로 숙소를 정해야 합니다. 숙소를 정하려면 파리에서의 대략적인 일정을 세워야 합니다. 그러고 나서 주요 방문 장소에 관한 정보, 음식 정보, 날씨 정보 등을 확인하고 가져가야 할 물품 목록을 정리하면 됩니다.

사실 파리가 아니라 어디로 여행을 가도 이렇게 준비하면 크게 문제가 없을 것입니다. 바로 여행 준비의 '맥락'을 따라가고 있기 때문입니다. 이처럼 '맥락'을 알면 비슷비슷한 상황에 유동적으로 대처할 수 있습니다.

리더십을 배우는 것도 '맥락'이 필요합니다. 좋은 리더가 되기 위해 알아야 할 것은 정말 많지만 모든 것을 알 수는 없습니다. 경험을 쌓다 보면 언젠가는 좋은 리더가 될 수도 있겠지만, 시간이 많이 걸리겠죠. 그때까지 기회가 계속 주어지리라는 보장도 없고요.

학문에는 왕도가 없습니다. 하지만 배움에는 왕도가 있죠. 어떻게 배우느냐에 따라 학습의 속도는 크게 달라집니다. 그래서 이 책은 리더십의 '맥락'을 잡을 수 있도록 제 경험을 정제하여 담았습니다. 물론 커다란 책임을 맡는 상위 리더가 되려면 더 많이 더 깊이 알아야겠지요. 하지만 이 책의 내용을 읽고 나면 그다음부터는 스스로 맥락을 찾아갈 수 있을 것입니다. 이 책은 리더가 알아야 하는 맥락의 첫 부분을 알려 주고, 나머지는 모두 그 맥락의 연장선상에 있으니까요.

좋은 리더가 되고자 하는 사람에게, 이 책이 좋은 길잡이가 되기를 바랍니다. 그리고 더 많은 유능한 리더가 우리 사회를 이끌어 가기를 기원합니다.

이재호 드림

신임 리더뿐 아니라 시니어 리더에게도 권하는 따뜻하고 든든한 선배 같은 책!

최근에 '팀장'을 위한 책들이 많이 나옵니다. 실리콘 밸리 출신, 국내 유수의 대기업 출신 리더들이 쓴 책도 있습니다. 다른 책들이 "우리 이렇게 탁월하게 하고 있어!"라며 국내에 있을 것 같지 않은 모델을 보여줌과 동시에 부러움을 사고 있다면, 이 책은 '누구나 처음 리더가 되었다면 겪는 상황'에 대해 저자의 경험을 담아 "마음을 편히 가지라"고 말합니다.

전문 퍼실리테이터이자 조직 개발 전문가인 저의 관점에서 보면, 조직 내 리더로서 커뮤니케이션의 중요성이나 방법, 역할과 책임의 이해와 적용·평가에 대한 관점과 방법 등을 설명하는 저자의 한마디 한마디에서 얼마나 직장인의 눈높이에 맞췄는지를 느낄 수 있어서 놀랐습니다. 한 문장 한 문장이 저자의 커뮤니케이션 내공이 그대로 담겨 있는 증거물입니다.

이 책은 '스스로 리더십 역량을 키우고자 하는 사람에게' 제공하기 위해 '맥락의 가장 앞 부분'을 다루었다고 저자가 소개한 것처럼, 리더라면 프로젝트 관리, 소통, 갈등 조율, 평가, 채용 면접 등 각각의 역할을 어떤 관점으로 어떻게 풀어가야 하는지, 무엇을 공부해야 하는지를 알려 줍니다.

막 리더가 된 사람뿐 아니라, 지금까지 누가 알려 주지 않아서 여전히 좌충우돌하며 본의 아니게 나쁜 리더 또는 불편한 리더가 되어 버린 '오래된(?)' 분들에게도 이 시대가 요구하는 리더상을 제공해 줄 것입니다. 어디가 막혀서, 무엇을 몰라서 리더들이 어려움을 겪는지 엔지니어답게 논리 정연하게 풀어냈습니다.

모든 리더들이 가까이에 두고 수시로 참고하면 좋을, 따뜻하고 든든한 선배 같은 책입니다.

주현희 드림
국제인증 마스터 퍼실리테이터, 국제인증 소시오크라시 컨설턴트, 링크컨설팅 대표

01 좋은 팀장, 좋은 리더, 좋은 관리자

02 팀과 나를 위해 반드시 필요한 태도

03 리더가 운전하는 팀이라는 자동차

04 프로젝트를 성공시키는 팀장의 역량

05 사람을 움직이는 도구, 커뮤니케이션

성장하고 싶은 독자들이 모인 스터디룸에 방문해 보세요!

'Do it! 스터디룸'에서 함께 공부하고 스스로 성장하는 독자들을 만나 보세요. '두잇 공부단'에 참여해서 책도 선물로 받아 보세요!

Do it! 스터디룸 : cafe.naver.com/doitstudyroom

온라인 독자 설문

오른쪽 QR코드를 스캔하여 이 책에 대한 의견을 보내 주세요. 독자 여러분의 칭찬과 격려는 큰 힘이 됩니다. 더 좋은 책을 만들도록 노력하겠습니다.

의견을 남겨 주신 분께 드리는 혜택 6가지!

❶ 추첨을 통해 소정의 선물 증정　　　❷ 이 책의 업데이트 정보 및 개정 안내

❸ 저자가 보내는 새로운 소식　　　　❹ 출간될 도서의 베타테스트 참여 기회

❺ 출판사 이벤트 소식　　　　　　　❻ 이지스 소식지 구독 기회

인스타그램 팔로우하면 이벤트 소식 확인!

instagram.com/easyspub_it

이지스 유튜브 구독하면 IT 강의 무료 수강!

youtube.com/easyspub

01

좋은 팀장, 좋은 리더, 좋은 관리자

> 리더가 되기 전에는
> 자기 자신이 성장하는 것이 성공의 핵심이었지만,
> 리더가 되면 다른 사람들을
> 성장시키는 것이 핵심이 됩니다.
>
> 잭 웰치(GE 전 회장)

01

리더가 되었어요!
어떤 걸 해야 하나요?

오늘의 목표

☑ 리더가 해야 하는 두 가지 큰 역할 이해하기

리더가 되면 더 많은 역할을 해내야 하고 여러 가지 목표를 달성해야 하기 때문에 머리가 복잡해집니다. 하지만 너무 걱정하지 마세요. 가장 중요한 역할 두 가지만 잘 수행해도 프로젝트의 성공 가능성을 많이 끌어올릴 수 있습니다. 리더가 수행해야 할 업무의 대부분이이 두 가지 역할에 포함되어 있으니까요.

감독(director): 방향을 제시하고 길을 잃지 않게 만드는 사람

먼저 감독(director)으로서의 역할입니다. 영어 director를 글자 그대로 직역하면 '방향을 가리키는 사람'이죠. 리더는 구성원에게 프로젝트가 나아가야 할 방향을 이야기할 수 있어야 합니다. 그리고 그 방향이 옳은 방향이라는 확신을 심어줄 수 있어야 합니다.

프로젝트를 항해에 비유한다면 신대륙을 찾아 망망대해를 건너는 항해와 비슷하다고 할 수 있습니다. 많은 시간과 노력을 투입하는데도 불구하고 성과는 보장받지 못하는 것이죠. 이럴 때 선장이 선원들에게 가야 할 방향을 말하지 못하거나 방향에 대한 확신을 심어주지 못한다면 성공적인 항해는 처음부터 어려운 일이 될 것입니다. 시작할 때뿐만이 아닙니다. 망망대해에서 길을 잃었을 때에도 언제든 나아가야 할 방향을 다시 제시할 수 있어야 합니다. 그래서 프로젝트가 항상 올바른 방향을 바라보고 있게 만들어야 합니다.

만약 디렉팅이 잘못되어 프로젝트가 올바른 방향을 바라보지 못한다면 모든 노력이 수포로 돌아갈 수 있습니다. 그래서 리더는 언제나 프로젝트가 나아가야 할 방향을 잘 인지하고 있어야 하고, 구성원들이 갈피를 잡지 못할 때 어디를 바라보아야 할지 알려주어야 합니다.

프로젝트 말고도 리더가 디렉팅을 해야 하는 것이 또 있습니다. 바로 **구성원의 성장**입니다. 프로젝트가 구성원의 역량을 단순히 소비하는 형태는 바람직하지 않습니다. 성장하지 못하면 도태되는 것이 업계의 현실이니까요. 구성원이 성장하지 못한다면 결국 팀의 성장도 정체되겠죠. 구성원이 성장하는 데에 경험과 통찰을 가진 선배의 조언은 큰 도움이 됩니다. 밀림 속에서 혼자 있는 것과 길을 아는 사람과 함께하는 것의 차이라고 생각하면 됩니다.

관리자(manager): 팀의 동력을 유지하고 프로젝트를 위기로부터 보호하는 사람

방향만 잘 안다고 목적지에 도달할 수 있는 것은 아닙니다. 배와 선원들에게 문제가 없어야 하고, 항해를 방해하는 방해물들을 잘 제거하고 회피할 수 있어야 합니다. 말하자면 배가 목적지를 향해 잘 나아가도록 하는 것이 필요합니다. 그것이 리더가 프로젝트의 관리자(manager)로서 해야 할 일입니다.

관리자로서 다루어야 할 대상은 업무와 사람으로 나눌 수 있습니다. 업무를 관리한다는 것은 일이 계획대로 진행되고 있는지 확인하고 계획에서 벗어나는 부분을 찾아 원래의 궤도로 돌려놓는 것을 말합니다. 이것을 잘 하기 위해선 프로젝트를 궤도에서 벗어나게 하는 여러 가지 상황과 각각의 상황에 어떻게 대처해야 할지를 미리 학습해 놓을 필요가 있습니다.

사람 관리에는 생산성을 유지하고 팀워크를 형성하는 것 등이 포함됩니다. 사람을 관리하는 것은 업무를 관리하는 것보다 훨씬 복잡합니다. 사람에게는 각자의 이해관계와 신념, 그리고 감정이 있기 때문이죠. 그래서 업무 관리는 예측 가능한 범위 안에서 대부분 이루어지는 반면, 사람 관리는 예측을 벗어나는 상황이 종종 발생합니다. 따라서 사람을 관리하려면 사람에 관한 보편적인 이해뿐 아니라 구성원 개개인의 특성도 잘 알고 있어야 합니다.

리더는 외부 환경의 관리에도 신경을 써야 합니다. 외부 환경의 변화에 따라 프로젝트가 위기에 빠질 수도 있고 반대로 새로운 동력을 얻을 수도 있기 때문이죠. 협업 파트너들과 좋은 관계를 유지해야 하고 서로 알아야 하는 정보가 잘 공유될 수 있도록 신경 써야 합니다. 무엇보다 프로젝트의 진행이 전체 조직에 기여하는 부분을 명확히 밝혀야 합니다. 프로젝트를 향한 조직의 신뢰는 매우 중요한 요소이며 리더가 꼭 확보해야 하는 부분이죠.

일단은 관리자부터!

감독의 역할과 관리자의 역할을 모두 잘해야 하지만, 둘 중 먼저 확보해야 하는 역량을 꼽으라면 역시 관리자로서의 역량이라고 할 수 있습니다. 디렉팅은 위에서부터 아래로 전파되어 내려오지만 관리는 아래로부터 위로 수집되어 올라가기 때문이죠. 디렉팅은 상위 리더가 되기 위해 필요한 역량에 해당하는 반면, 관리는 작은 팀의 리더가 될 때부터 필요한 역량이라고 할 수 있습니다.

아직 리더로서의 역할에 익숙하지 않은 사람을 대상으로 하는 이 책도 관리자로서의 역할에 집중하고 있습니다. 조직이 이제 막 리더를 맡게 된 사람에게 기대하는 것도 보통 관리자로서의 역할이기 때문에, 먼저 관리자라는 역할에 익숙해진 후 감독의 역할에 관심을 가져도 충분합니다.

팀	관계	소통, 감정, 갈등
	생산성	동기부여, 몰입, 환경
	팀워크	역할과 책임, 비전, 채용
	성장	평가, 코칭
프로젝트	목표	설정, 공유, 잦은 확인
	진행 상황	일정, 우선순위, 공유
	프로세스	규약, 협업 방식, 회의, 의사결정
	안전 확보	자원, 리스크
	학습과 성취	회고
외부 환경	협업 파트너와의 관계	
	조직의 신뢰	

리더가 관리해야 하는 것

02

리더에게 꼭 필요한
역량 세 가지

오늘의 목표

☑ 리더로서 갈고닦아야 할 역량이 무엇인지 이해하기

좋은 리더가 되려면 어떤 역량을 키워야 할까요? 실무자일 때와는 다른 역할을 해야 하다 보니 역량에 대해서도 새로운 고민이 필요하죠.

일단 작은 팀을 맡았을 때부터 다듬고 향상해야 할 역량이 몇 가지 있습니다. 리더로 커리어를 쌓아가는 동안 지속해서 활용해야 할 역량들이죠.

다행인 것은 이런 역량들이 훈련을 통해 얼마든지 나아질 수 있다는 점입니다. 말하자면 재능보다는 기술에 가깝다고 볼 수 있습니다.

물론 타고난 사람도 있기는 하겠지만, 후천적인 노력을 통해서도 얼마든지 리더의 역량을 갖출 수 있으니 걱정하지 마세요!

1. 커뮤니케이션 능력

리더는 구성원을 움직여서 목적을 달성해야 하는 사람입니다. 그런데 구성원을 움직이기 위해 사용하는 대표적인 도구는 무엇일까요? 바로 '언어'입니다. 리더는 목적을 달성하기 위해 우선 '말과 글'을 잘 다뤄야 합니다.

먼저 본인의 말이 갖는 파급력을 이해해야 해요. 리더가 팀과 프로젝트에 미치는 막대한 영향력을 구성원들은 잘 이해하고 있습니다. 세상에는 투명하지 않은 리더들도 많이 있죠. 그래서 많은 구성원들이 리더의 말을 있는 그대로 받아들이기보다는 해석하려고 노력하는 것이 현실입니다. 바로 이 점 때문에 리더는 '말조심'을 해야 합니다. 그리고 구성원들이 이해하기 쉽게 풀어서 이야기해야 합니다. '이 정도면 알아들었겠지' 하고 생각하는 동안에 구성원들은 이미 나름대로 '해석'하고 있기 때문입니다.

다음으로 커뮤니케이션의 목적을 잊지 말아야 합니다. 리더는 목적 있는 대화를 많이 합니다. 때로는 정보를 공유하는 것이 목적이 되고, 때로는 상대방의 행동을 이끌어 내는 것이 목적이 되죠. 또한 사실 파악을 위한 대화를 하기도 합니다. 이때 목적에 맞게 대화 내용을 적절히 구성해야 합니다. 예를 들어 지각을 자주 하는 구성원과 대화할 때는 상대방의 생각과 행동에 변화를 일으킬 수 있는 대화가 필요합니다. 반면 구성원의 성장에 관해 이야기할 때는 구성원 스스로 생각할 여지를 만들어 주어야겠죠. 그리고 프로젝트 회고를 진행할 때는 평소에 하지 못한 이야기를 꺼낼 수 있게 해야 합니다.

커뮤니케이션은 내용도 중요하지만 형식도 중요합니다. 우리말에 '아 다르고 어 다르다'라는 말이 있죠. 같은 말이라도 표현에 따라 상대방이 받아들이는 의미가 달라집니다. 예를 들어 지하철이나 엘리베이터에서 사람들을 헤집고 내리려 할 때 '비켜주세요'와 '내릴게요'라는 말은 내용은 같지만 상대방이 받아들이는 의미는 '지시'와 '부탁'으로 달라질 수 있습니다. 리더는 이런 차이를 이해하고 원하는 결과를 얻어낼 수 있는 적절한 표현을 활용할 수 있어야 합니다.

말의 힘을 이해하고, 말의 목적을 기억하며, 목적에 적합한 표현을 활용하면 커뮤니케이션의 기본은 갖추었다고 할 수 있습니다. 그런데 이 세 가지를 관통하는 한 가지 개념이 있습니다. 그것은 바로 듣는 사람을 중심에 두는 커뮤니케이션입니다. 내가 생각한 바를 말로 꺼내는 것이 핵심이 아니고, 내 말을 상대방이 온전히 이해하는 것이 핵심이기 때문이죠. 따라서 리더는 상대방의 입장에서 대화를 바라볼 수 있어야 합니다. 바로 이것이 커뮤니케이션 고수들이 잘하는 것이기도 합니다.

커뮤니케이션의 더 자세한 내용은 '31. 상대방 중심의 커뮤니케이션 방법'에 따로 설명해 두었으니 참고하세요.

2. 코칭 능력

리더는 조직을 성공으로 이끄는 사람입니다. 그런데 성공은 리더 혼자만의 힘으로는 이룰 수 없습니다. 조직의 구성원들이 자기 역할을 성공적으로 수행해야 달성할 수 있습니다. 따라서 조직이 더 큰 성취를 얻어내기 위해서는 구성원들이 성장해야 합니다. 그리고 리더는 구성원의 성장에 매우 중요한 역할을 합니다.

코칭을 하려면 먼저 대상을 잘 이해해야 합니다. 구성원과 대화를 나누고 그 행동을 관찰하면서 구성원이 어떤 사람인지, 무엇을 목표로 하고 있고, 어떤 장단점이 있는지 확인해 보세요. 이때 성격유형지표인 MBTI나 세대의 특징을 설명하는 지식 등이 도움이 될 수 있지만, 그런 정보는 참고용으로만 활용하는 것이 좋습니다. 조직 내에서는 직접 관찰하고 대화할 수 있기 때문이죠. 그것만큼 상대방을 정확히 알려주는 것은 없습니다.

구성원을 잘 이해하고 있다면 이제 적절한 질문을 던지는 것이 필요합니다. 질문은 곧 과제를 나타내고, 그 과제를 해결하는 과정이 성장의 과정이 됩니다. 질문이 특히 중요한 이유가 있습니다. 일단 좋은 질문은 문제의 핵심을 명확하게 보여줍니다. 그리고 구성원이 스스로 해결책을 생각하게 하죠. 마지막으로 이런 과정을 통해 구성원이 질문 중심의 사고방식에 익숙해집니다.

구성원의 성장을 돕고자 할 때 리더가 특별히 장점을 발휘할 수 있는 부분이 있습니다. 바로 넓은 시야입니다. 경력이 짧은 구성원들은 눈에 보이는 환경에 매몰되어 있기도 합니다. 그럴 때 리더가 폭

넓은 지식을 활용해서 구성원의 시야를 확장해 준다면 구성원에게 큰 도움이 됩니다.

성장에 목마른 사람일수록 좋은 코치를 원합니다. 구성원을 성장시키는 능력이 있다면 좋은 인재들이 리더 주변에 모이게 될 것입니다. 그러면 리더가 생각하는 팀을 구성하는 것도 더 수월해집니다.

3. 스트레스 관리 능력

제가 작은 개발 팀을 맡았을 때는 압박감이 거의 없었습니다. 모든 실무가 손바닥 안에 있었고 팀원들과 손발이 잘 맞았죠. 하지만 15명 정도 되는 인원을 이끌고 신규 게임을 개발하는 프로젝트를 책임지게 되었을 때는 압박감이 컸습니다. 프로젝트의 결과를 확신하기 어려웠고, 내가 리더 역할을 제대로 못하면 팀원들의 노력이 수포로 돌아갈 수 있다고 생각했기 때문입니다.

책임이 커지면 압박감도 그만큼 커집니다. 그리고 이런 압박감에 짓눌리면 컨디션이 나빠지고 올바른 판단을 하기 어렵게 됩니다. 그래서 리더에게는 압박감을 견뎌내기 위한 노력이 필요합니다.

압박감을 관리하는 방법은 다양한데, 다음 세 가지를 활용하면 좋습니다. 그 첫 번째는 마음을 편안하게 만들어 주는 '루틴'입니다. 스포츠 선수들이 루틴을 많이 활용한다는 것은 잘 알려져 있습니다. 어느 유명한 농구 선수는 선수 시절에 바닥에 공을 다섯 번 튕기고 자유투를 던졌다고 합니다. 공을 다섯 번 튕기고 나면 자유투를 성공할 수 있다는 자신감이 생긴다는 것이죠. 저는 스트레스가 많을 때 산책이나 볼링을 합니다. 산책이나 볼링을 하면 생각이 정리되고 나를 압박하는 것들과 자신을 좀 더 객관적으로 관찰하게 됩니다. 그러면서 압박감도 줄어들게 되었죠.

두 번째는 압박감을 주는 요소를 의식적으로 '과소평가'하는 것입니다. 나를 삼킬 듯이 압박하는 것들은 실제로 내가 느끼는 것보다 작을 수 있습니다. 사람들은 실체를 모르는 대상에 반복적으로 경계심을 쌓고, 그렇게 쌓인 경계심 때문에 점점 더 두려움을 느끼게 됩니다. 압박하는 것을 기록해 보고 잘게 쪼개어 보면 생각보다 엄청난 일은 아닐 겁니다. 그러면 거품처럼 부풀려진 두려움이 어느 정도 가라앉고 압박감도 그만큼 완화됩니다.

마지막으로 압박감이 클수록 준비를 철저히 하려고 노력합니다. 대부분의 압박감은 '내가 그것을 잘할 수 있을까?' 하는 의구심에서 비롯됩니다. 준비를 철저히 할수록 그런 의구심을 해소할 수 있겠죠. 일이 그냥 잘 풀리기를 기대하는 것이 아니라, 일을 잘 풀어낼 수 있는 조건을 만들어 놓는 것입니다. 그리고 그렇게 열심히 준비했는데도 일이 잘 풀리지 않았다면, 그것은 원래 잘 되기 어려운 일이었다고 생각해도 틀리지 않습니다.

리더에게 필요한 역량 세가지

커뮤니케이션 능력	코칭 능력	스트레스 관리 능력

준비가 되어 있어야 한다!

실무를 배울 때는 일단 일을 진행하면서 하나씩 익혀 나갈 수 있죠. 실수도 경험으로 여기면서 점차 자기 역할에 익숙해집니다. 리더라는 역할도 작은 팀의 리더일 때는 어느 정도 시행착오를 겪는 것이 허용됩니다. 전체 조직에 미치는 영향이 제한적이니까요. 하지만 더 큰 책임을 맡게 되면 이야기가 달라집니다.

책임의 크기가 커진다는 것은 조직과 구성원의 운명에 미치는 영향력이 커진다는 것을 의미합니다. 당연히 그런 역할을 맡을 준비가 되어 있지 않은 사람에게 함부로 그 역할을 맡기면 안 되겠죠. 따라서 작은 팀의 리더 역할을 수행할 때부터 리더로서 가져야 할 역량을 착실히 쌓아나가 보세요. 당장의 역할에 필요할 뿐만 아니라 더 큰 책임을 맡는 데 필요한 역량까지 준비하는 것이죠. 기회는 아무에게나 오는 것이 아니라 준비가 되어 있는 사람에게 온다는 것을 명심하세요.

03
팀원의 신뢰를 얻는 방법

◇ **오늘의 목표**

☑ 구성원으로부터 얻어야 할 신뢰를 이해하고 신뢰를 얻을 방법 찾기

리더는 구성원을 움직여 목적을 달성합니다. 이때 리더와 구성원 사이의 신뢰가 굳건할수록 팀은 목적에 더 빨리 다가갈 수 있습니다. 반대로 리더와 구성원 사이에 신뢰가 무너진 팀은 나아가기는커녕, 뒷걸음치지 않으면 다행인 상황이 됩니다.

신뢰와 관련하여 많이 쓰이는 비유가 탑의 비유죠. 신뢰는 단번에 형성되지 않습니다. 탑을 쌓듯이 차근차근 쌓아야 합니다. 하지만 무너지는 것에는 오랜 시간이 필요하지 않죠. 그리고 한번 무너진 신뢰를 다시 쌓기는 더 어렵습니다. 그래서 신뢰는 리더가 부단히 노력하여 형성하고 유지해야 하는 요소 중 하나입니다.

그런데 신뢰가 중요하다는 것에는 동의하지만, 막상 실천하려고 하면 너무 추상적이어서 막막할 수 있습니다. 여기에서는 리더에게 필요한 신뢰를 구체적으로 살펴보고, 그것을 얻어내기 위해 필요한 것들에 대해 이야기해 보고자 합니다.

성공으로 이끌어 줄 것이라는 신뢰

다음 중 전쟁에 나선 병사들이 가장 좋아할 지휘관은 어떤 지휘관일까요?

① 병사들을 따뜻하게 감싸는 부모님 같은 지휘관

② 병사를 존중하고 병사의 노고를 이해하는 지휘관

③ 전쟁을 승리로 이끌고 자신을 건강하게 고향으로 돌아가게 해줄 지휘관

세 지휘관 모두 훌륭한 지휘관이지만 병사들이 가장 원하는 지휘관은 아무래도 마지막 지휘관, 즉 승리를 만들어 줄 지휘관일 것입니다.

이는 비즈니스에서도 마찬가지입니다. 구성원들에게 가장 환영받는 리더는 무엇보다 팀과 프로젝트를 성공으로 이끌 수 있는 리더입니다. 조직은 목적을 달성하기 위해 구성되었고, 조직이 목적을 달성해야 구성원들에게도 좋은 일이 생깁니다. 다른 면이 아무리 훌륭해도 프로젝트를 실패하는 리더는 환영받기 어렵습니다. 생각해 보면 사람들에게 존경받는 역사 속 리더들이나 스포츠 팀의 리더들

도 모두 성공의 기록을 가지고 있는 리더들입니다.

따라서 리더는 먼저 구성원들에게 팀과 프로젝트를 성공으로 이끌 수 있다는 신뢰를 얻어야 합니다. 성공의 전적이 있는 리더라면 이러한 신뢰를 얻는 것이 좀 더 수월합니다. 리그 우승의 경험이 있는 프로 스포츠 감독에게 기대를 하는 것처럼요.

하지만 성공의 역사를 아직 쌓지 못한 리더라면 먼저 구성원들과 함께 팀과 프로젝트에 관해 많은 이야기를 나누는 것이 어떨까요. 보여줄 결과가 아직 없기 때문에 자신 안에 있는 생각을 꺼내놓고 구성원들의 평가를 받는 수밖에 없습니다. 이때 주의해야 할 것은 팀과 프로젝트에 관한 내 신념을 구성원들에게 가르치려고 해서는 안 된다는 것입니다. 그 신념이 아무리 옳은 것이라도 가르치려 드는 태도는 상대방을 비판적인 입장으로 돌아서게 만들 수 있습니다.

대신 팀과 프로젝트가 성공을 향해 나아가기 위해 무엇을 어떻게 해야 할지 구성원들과 의견을 나누는 과정으로 진행하면 좋습니다. 좋은 생각을 발굴하는 과정 속에서도 구성원들은 충분히 리더의 역량을 판단할 수 있습니다. 그리고 프로젝트를 진행하면서 리더로서 수행하는 여러 과업을 통해 구성원들의 신뢰를 조금씩 쌓아가고 다져가야 할 것입니다. 이런 과정을 통해 리더가 팀을 성공으로 이끌 수 있는 사람이라는 신뢰가 생긴다면 그 신뢰 하나만으로도 팀에는 긍정적인 분위기와 성공을 향해 달리는 열정이 형성될 것입니다.

그 사람의 말은 믿을 수 있다는 신뢰

사람의 말만큼 거짓되기 쉬운 것도 없을 겁니다. 일상에서도 수많은 거짓들이 흘러넘치죠. 그래서 사람들, 특히 어른들은 다른 사람의 말을 의심의 눈으로 바라보는 것에 익숙합니다. 더군다나 그 환경이 이해관계로 얽혀 있는 직장이라면 두말할 필요가 없겠죠.

리더는 대화로 구성원을 움직여야 합니다. 그래서 어떤 내용을 어떻게 말할 것인가가 무척 중요하죠. 하지만 그것은 구성원이 리더의 말을 충분히 신뢰하고 있을 때 효과를 발휘합니다. 리더의 말을 신뢰하지 못하고 있는 상황에서는 어떤 말을 어떻게 전달해도 목적을 달성하기 어렵겠죠. 따라서 리더는 자신의 말이 믿을 만하다는 인식을 구성원들에게 심어줄 필요가 있습니다.

말이 갖는 신뢰 역시 다른 신뢰처럼 단기간에 얻기 어렵습니다. 일상 속에서 조금씩 꾸준히 획득해야 하는 것이죠. 이 과정에서 리더가 명심하고 실천해야 할 것이 몇 가지 있습니다.

먼저 리더는 거짓말을 하지 말아야 합니다. 아이들의 부모를 향한 신뢰는 어떤 커다란 계기로 무너지기보다는 대부분 부모의 작은 거짓말로 금이 가고 무너지기 시작합니다. 선의의 거짓말이나 단순한 장난조차도 신뢰를 훼손할 수 있죠. 따라서 리더는 장난으로라도 거짓말을 입에 담지 않는 것이 좋습니다.

다음으로는 자신이 한 말을 행동으로 뒷받침해야 합니다. 예를 들어 구성원들의 의견을 잘 경청하겠다고 말했으면 실제로 그들의 의견을 경청하는 모습을 보여주어야겠죠. 또 팀의 사기가 중요하다고 말했으면 직접 팀의 사기를 올리는 행동을 하거나 혹은 팀의 사기 진작에 기여한 구성원에게 보상을 해야 합니다. 때로는 지키기 어려운 말을 해야 할 때도 있습니다. 하지만 그런 때에도 자신의 말을 지켜내려는 모습을 충분히 보여주어야 합니다. 리더가 자신의 말을 지키기 위해 노력하는 모습을 보면 그 결과가 기대에 미치지 못하더라도 구성원들은 리더가 '말뿐인 사람'이라고 생각하지 않을 테니까요. '저 사람이 한 말은 꼭 지켜진다'가 아니라, '저 사람은 자신이 한 말을 지키려고 노력한다'가 리더가 획득해야 하는 신뢰의 내용입니다.

마지막으로 리더는 가능한 한 숨기는 것이 없도록 노력해야 합니다. 이것이 현실에서는 말하는 것만큼 쉽지 않죠. 대부분의 리더는 전체 조직에서 중간 관리자의 입장이기 때문에, 무엇은 말해도 되는 것이고 무엇은 말하면 안 되는 것인지 판단하기 어려울 때가 많습니다. 하지만 조직이 특별히 금하는 내용이 아니라면 가급적 구성원들에게 먼저 알려주는 것이 좋습니다. 리더와 구성원 사이에 조성되는 위화감은 정보의 불균형에 기인할 때가 많기 때문에, 그런 위화감을 줄이기 위해서라도 최대한 많은 것들을 구성원들과 공유해야 합니다. 그렇게 하면 구성원들은 리더의 말뿐만 아니라 리더의 침묵도 믿을 수 있게 될 것입니다.

공정한 사람이라는 신뢰

구성원들이 리더의 공정성을 중요하게 생각하는 이유는 무엇보다 평가 때문입니다. 조직에서 이루어지는 평가는 자로 길이를 재듯 객관적인 도구에 의해 이루어지기보다는 리더의 주관적인 판단에 의존하는 경우가 많으니까요. 그리고 평가는 구성원들이 중요하게 생각하는 '보상'과 직접적으로 연결됩니다. 열심히 일을 했는데 공정하지 못한 평가 때문에 정당한 보상을 받지 못한다면 어떤 구성원이 팀과 프로젝트를 위해 헌신할 수 있을까요? 따라서 리더는 늘 공정하려고 해야 하고, 구성원들로부터 공정한 사람이라는 믿음을 획득하려고 노력해야 합니다.

공정한 판단을 내리기 위해서는 구성원들이 수행하고 있는 업무를 잘 이해하고 있어야 합니다. 이것이 당연하게 이루어지고 있는 조직도 있지만 그렇지 못한 조직도 있습니다. 예를 들어 게임을 제작하는 조직에는 기획자, 프로그래머, 아티스트가 존재합니다. 그리고 리더는 보통 이 중 한 직군 출신이거나 아니면 또 다른 직군 출신입니다. 즉 리더 자신이 수행했던 직무는 잘 이해하고 있지만 다른 직무는 이해하지 못하고 있는 경우가 발생합니다. 기획자 출신 리더가 기획 작업은 잘 이해하고 있지만 아트 작업은 잘 이해하지 못하는 경우처럼 말이죠.

따라서 리더는 자신이 경험하지 못한 부분에 대해 이해의 폭을 넓히려고 노력해야 합니다. 그렇지 않으면 전체 구성원과 그들이 하는 일에 공정한 판단을 내리기가 어려워집니다. 이때 한 가지 참고할 것은 '잘 하는 것'과 '잘 아는 것'은 다르다는 사실입니다. 프로그래머 출신인 리더가 아트 작업을 잘하기는 어렵겠죠. 하지만 아트 작업을 공부하고 아티스트와 지속적으로 대화를 나누면서 이해의 정도를 늘리는 것은 충분히 가능합니다. 그리고 리더는 '잘 아는 것'만으로 충분합니다.

공정한 판단을 내리는 것과 구성원들로부터 공정하다는 믿음을 받는 것에는 약간의 괴리가 있습니다. 구성원들도 각자 나름의 판단 기준을 가지고 있고 자신의 기준에 따른 판단과 리더의 판단이 일치하는지 살펴보기 때문이죠. 따라서 리더가 구성원들로부터 공정하다는 믿음을 받기 위해서는 리더가 판단에 사용하는 기준을 명확하게 제시하는 것도 필요합니다.

'공정하다'라는 것은 '항상 옳다'보다는 '항상 일관적이다'에 더 가까운 의미입니다. 리더가 가지고 있는 기준이 구성원과는 다를 수 있겠죠. 아마 완전히 일치하는 경우가 더 드물 것입니다. 하지만 리더가 제시한 기준이 명확하고 그 기준이 일관되게 적용된다면, 구성원은 그 기준에 맞춰 자신의 행동을 결정할 수 있고 리더가 공정한 사람이라는 믿음을 가질 수 있을 것입니다.

리더에게 필요한 세가지 신뢰

저 리더는 이 일을 성공시킬 것이다!	저 리더의 말은 믿을 수 있다!	저 리더는 공정한 사람이다!

거친 태풍을 이겨낼 가장 강력한 무기는 선원들의 신뢰

앞서 소개한 세 가지 신뢰를 거꾸로 뒤집어 볼까요?

이 세 가지 의혹 중 하나만 있어도 팀이 흔들리고 프로젝트가 위기에 빠질 수 있습니다. 두 가지 이상 있다면 팀과 프로젝트가 잘 되는 것이 오히려 이상하겠죠.

《마음을 움직이는 프로젝트 관리》의 저자 스콧 버쿤은 이 책에서 "확실한 불확실성 앞에서 프로젝트 관리자의 최고 투자는 자신과 공헌자 사이에 구축한, 신뢰라는 강력한 네트워크이다."라고 했습니다. 경쟁이 치열한 영역일수록 리더와 구성원들 간의 신뢰는 필수 불가결한 요소가 되죠. 리더와 구성원들 간의 신뢰 없이 성공을 바라는 것은 성공을 운에 맡기는 것과 다름없을 것입니다. 성공을 운에 맡기는 프로젝트라면 리더의 가치는 사라지고 말죠. 따라서 리더는 구성원들로부터 신뢰를 획득하기 위해 부단히 노력해야 합니다. 단순히 믿어달라고 주장하지만 말고, 믿을 수 있는 사람이 되어야 하고 믿을 수 있는 행동을 해야 합니다.

'구글 알리미'로
새로운 소식 자동으로 받기

프로젝트를 진행하다 보면 최신 뉴스를 지속적으로 확인해야 할 때가 있습니다. 예를 들어 3D 액션 게임을 제작 중이라면 경쟁사에서 새로 출시한 3D 액션 게임이 있는 지 지속적으로 모니터링해야겠죠. 그런데 매일 '3D 액션 게임'을 입력하고 검색하는 것은 번거롭기도 하고 비효율적이기도 합니다. 이럴 때 '구글 알리미'를 이용하면 좀 더 편하게 새로운 소식들을 받아볼 수 있습니다.

여기서는 최근에 많은 관심을 받고 있는 '챗GPT'와 관련한 소식이 하루에 한 번 자동으로 내 메일함에 수신되도록 설정하는 작업을 진행해 보겠습니다.

먼저 검색 창에서 '구글 알리미'를 입력하여 구글 알리미 서비스 페이지(www.google.co.kr/alerts)로 이동합니다. 다음과 같은 화면이 보입니다.

먼저 구글에 로그인해야 합니다.

입력 창에 '챗GPT'를 입력하면 미리 보기가 나타납니다. 여기서 [옵션 표시]를 눌러 수신 빈도, 언어 등을 설정하면 됩니다. 설정을 다 마쳤다면 [알림 만들기]를 누릅니다.

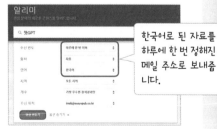

한국어로 된 자료를 하루에 한 번 정해진 메일 주소로 보내줍니다.

다음과 같이 챗GPT에 대한 알림이 만들어진 것을 볼 수 있습니다.

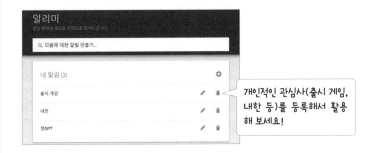

이제 하루에 한 번씩 '챗GPT'와 관련한 새로운 소식이 내 메일함으로 들어옵니다. 자신에게 필요한 정보를 이렇게 구글 알리미로 설정해 최신 소식을 놓치지 않고 편하게 모니터링해 보세요.

팀과 나를 위해
반드시 필요한 태도

좋은 태도를 가진 리더가 이끄는 팀과
그렇지 않은 리더가 이끄는 팀은
시간이 지날수록 역량과 성과 모두에서
더 차이가 나기 마련입니다.

04

나도 모르게
실무에 빠지게 돼요

◈ 오늘의 목표

☑ 실무에 빠지는 이유를 알고 리더의 역할 다시 생각하기

리더가 되었다면 실무에 지나치게 빠지는 태도를 경계해야 합니다. 이것은 리더가 나쁜 마음으로 갖는 태도는 아니지만, 이 태도로 인해 의도와는 달리 조직에 큰 피해를 입힐 수도 있기 때문이죠. 리더가 실무를 겸하는 것 자체가 나쁜 일은 아닙니다. 그럴 수밖에 없는 상황도 있고요. 하지만 리더에게는 리더로서 해야 할 일이 있습니다. 그리고 리더가 리더의 역할을 다 해야 조직과 프로젝트가 정상 궤도에 오를 수 있습니다.

과거에 제가 몸 담았던 어떤 조직의 리더는 리더로서의 역할뿐만 아니라 다른 역할도 겸하고 있었습니다. 그래서 늘 바빴죠. 그 결과 조직은 리더 부재 상태에 자주 놓이게 되었습니다. 그러다 결국 프로젝트는 좌초되었고, 조직도 아픈 기억만 남기고 정리될 수밖에 없었습니다.

물론 리더가 실무에 시간을 쏟을 수밖에 없는 상황들도 있습니다. 사람이 부족해서일 수도 있고, 리더에게 실무를 강하게 요구하는 조직 문화 때문일 수도 있습니다. 또한 리더가 실무를 좋아해서 실무를 붙잡고 있는 경우도 있죠. 어떤 경우이건 리더는 리더로서의 역할을 최우선으로 생각해야 합니다. 일시적으로 실무에 시간을 쏟아부을 수는 있지만, 그런 시간이 길어지면 안 됩니다. 당장의 실무보다 리더의 역할이 조직과 프로젝트의 운명에 더 큰 영향을 미치니까요.

사람이 부족하면 사람을 더 확보해서 문제를 해결해야 합니다. 구성원의 역량이 부족하면 구성원을 성장시켜야겠죠. 만약 리더의 역할을 할 때보다 실무를 할 때 마음이 더 편하다면 본인이 리더의 역할에 맞는 사람인지 돌이켜봐야 합니다. 팀과 프로젝트에 있어 가장 중요한 역할이 다른 역할 때문에 제 기능을 발휘하지 못해서는 안 됩니다.

리더는 팀이 목적을 이루도록 이끄는 사람입니다. 자신이 좋은 리더임을 보여주는 것보다 팀이 목적을 이루도록 하는 것을 우선시해야겠죠. 그리고 팀은 당장의 성과뿐만 아니라 꾸준하고 안정적인 성과를 만들어 내는 것이 목적이어야 합니다. 따라서 당장 성과가 떨어지더라도 구성원에게 일을 맡겨 구성원이 성장할 수 있는 기회를 제공해 주세요. 구성원에게 어떤 강점이 있다면 그 강점을 잘 발휘할 수 있는 환경을 갖추는 것도 필요하죠. 리더의 능력이 아니라 팀의 능력이 인정받을 수 있도록 외부와 커뮤니케이션하는 것도 중요합니다. 결국 리더의 능력에 의존하는 팀이 아니라, 리더가 자리를 비워도 좋은 성과를 낼 수 있는 팀을 만드는 것이 리더가 해야 하는 일입니다.

✔ 팀장 업무 셀프 점검하기

☐ 업무 중에서 리더로서의 역할을 최우선으로 삼고 있나요?

- 리더가 자리를 비워도 좋은 성과를 내기 위해 현재 팀에서 가장 필요한 부분은 무엇인가요?

05

내 판단이 틀렸을까 봐 두려워요

◇ **오늘의 목표**

☑ 의사결정의 압박감을 줄이고 최선의 의사결정을 내리는 방법 찾기

의사결정은 늘 불확실한 상황에서 이루어집니다. 확실한 상황에서는 의사결정의 과정 자체가 그다지 필요 없겠죠. 불확실하기 때문에 누군가가 책임을 지고 결정을 내려야 합니다. 그리고 불확실하다는 것은 그 의사결정의 결과가 좋지 않을 가능성이 존재한다는 것입니다. 결국 의사결정자는 불확실한 상황에서 자신이 책임져야 할 결정을 내려야 합니다. 그런 상황을 한 번이 아니라 끊임없이 마주치게 되죠.

이런 상황에서 냉철하고 과감하게 판단을 내리기 위해서는 의사결정이 가져오는 압박감을 이겨낼 수 있어야 합니다. 리더의 결정이 잘못된 결정일 수 있고, 그래서 조직과 프로젝트에 나쁜 영향을 미칠 수 있다는 압박감은 리더의 올바른 판단을 방해합니다. 그 압박감을 이겨내지 못하고 휘둘리면 너무 늦게 혹은 너무 조급하게 결정을 내려버릴 수 있고, 올바른 선택을 찾는 것보다 자기 자신을 지키는 선택을 찾는 것을 지향하게 될 수도 있습니다.

의사결정의 압박감이 너무 강할 때면 세상에 실패하지 않는 의사결정자는 없다는 사실을 떠올릴 필요가 있습니다. 영화 〈기생충〉으로 아카데미상을 거머쥔 봉준호 감독에게는 관객 10만 명을 동원하는 데 그친 영화 〈플란다스의 개〉가 있습니다. 〈올드보이〉로 유명한 박찬욱 감독의 〈싸이보그지만 괜찮아〉는 70만이라는 저조한 흥행 성적을 기록하고 스크린에서 내려갔죠. 아무리 뛰어난 사람이라도 모든 의사결정에 성공할 수는 없습니다. 따라서 실패할 가능성에 너무 집착하지 말고 주어진 상황에서 최선의 선택이 무엇인지에 집중해 보세요. 늘 성공할 수는 없지만 늘 최선을 다할 수는 있을 테니까 말이죠.

최선의 의사결정을 내리는 방법

의사결정에 최선을 다하기 위해서는 무엇보다 '정보'가 중요합니다. 20대 여성을 위한 서비스를 준비한다고 생각해 보죠. 20대 여성과 관련한 정보를 확인한다고 해서 서비스의 성공이 보장되지는 않습니다. 하지만 20대 여성을 잘 모르는 상태에서 준비하는 것보다는 분명 의사결정이나 서비스의 성공 가능성이 높아질 것입니다. 물론 정보라고 해서 모두 도움이 되는 것은 아니니, 중요한 정보와 그렇지 않은 정보를 구분하려는 노력도 필요하겠죠.

정보를 다룰 때 다음 두 가지를 유의하세요. 첫 번째는 '사실'과 '추정'을 구분하는 것인데요. 예를 들어 20대 여성이 로맨스 영화를 보는 비율이 높다면 '20대 여성이 로맨스 영화를 많이 본다.'는 사실일 수 있습니다. 하지만 '20대 여성이 로맨스 영화를 좋아한다.'는 아직 추정일 가능성이 높습니다. 20대 여성이 로맨스 영화를 많이 보는 이유가 꼭 좋아서는 아닐 수도 있으니까요.

두 번째는 정보의 '평가'에 관련된 부분입니다. 20대 여성이 로맨스 영화를 많이 본다는 사실이 얼마나 중요한 정보인지, 우리 서비스와 어떤 연관이 있을지 평가해야 할 텐데요. 이때 리더 혼자만의 시각으로 평가하지 말고 여러 사람과 의견을 나누는 것이 좋습니다. 정보가 다양한 만큼 정보를 평가하는 시각도 다양해야 하기 때문이죠. 결국 최종적인 의사결정은 리더 혼자 진행하더라도 말이죠.

아무리 최선을 다하더라도 실패한 결과를 전부 피할 수는 없습니다. 그럴 때 자책하거나 책임을 피하지 마세요. 그 실패로부터 배울 수 있는 것을 최대한 배우고, 실패로 인한 부정적인 영향들을 최소화하기 위해 노력해야 합니다. 이미 발생한 실패를 되돌릴 수는 없지만 그것으로부터 긍정적인 무언가를 끄집어낼 수는 있으니까요.

그리고 실패로부터 소득을 만들어낼 수 있는 리더는 의사결정의 압박감으로부터도 좀 더 자유롭습니다.

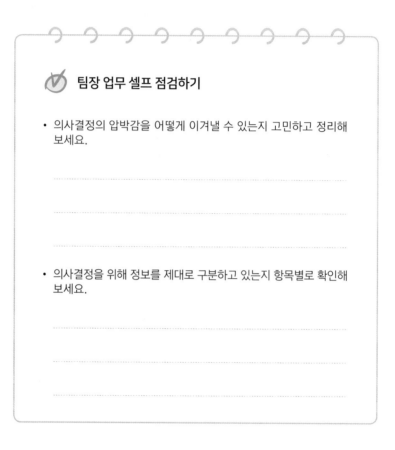

팀장 업무 셀프 점검하기

- 의사결정의 압박감을 어떻게 이겨낼 수 있는지 고민하고 정리해 보세요.

- 의사결정을 위해 정보를 제대로 구분하고 있는지 항목별로 확인해 보세요.

06
팀원의 일하는 방식이
나와 달라서 힘들어요

♦ 오늘의 목표

☑ 구성원의 강점을 도와주는 태도 가지기

이어폰을 귀에 꽂고 일을 하는 후배 이야기가 SNS에 올라온 적이 있습니다. 그것을 이해하는 사람들도 있었지만, 이해하지 못하는 사람들도 있더군요. 많은 팀장들이 젊은 세대의 일하는 방식을 놓고 고민합니다. 특히 본인이 중요하게 생각하는 것이나 기본이라고 생각하는 것에서 차이가 날 때 고민이 깊어지죠.

그런데 일을 대하는 태도나 방식은 시간이 지나면서 계속 바뀝니다. 같은 시기라도 일하는 장소에 따라 다르기도 하죠. 예를 들어 현재는 연차가 낮더라도 능력이 있다면 먼저 팀장으로 승진하는 것이 어느 정도 받아들여지고 있습니다. 하지만 예전에는 능력이 있어도 선배를 제치고 승진하는 일은 드물었죠. 이어폰의 경우 어떤 회사에서는 업무 중에 이어폰을 귀에 꽂는 것을 좋지 않게 보지만, 어떤 회사에서는 팀장이 팀원들에게 이어폰이나 헤드셋을 선물하기도 합니다. 업무 시간에 사용하라고요.

어느 쪽이든 이유는 있습니다. 이어폰 사용이 소통을 어렵게 한다고 볼 수도 있고, 주변의 소음을 차단하여 일에 몰입하게 해준다고 볼 수도 있습니다. 중요한 것은 어느 시대, 어느 장소, 그리고 누구에게나 통용되는 방식은 없다는 것입니다. 그래서 기업도 회사의 운영 방식이나 시스템들을 시대와 목적에 맞게 계속 바꾸어 나가는 것이죠.

다행인 것은 일하는 방식은 달라도 목적은 같다는 것입니다. 팀에는 팀이 달성해야 하는 목적이 있고, 구성원들은 그 목적 달성에 기여해야 합니다. 조직이 리더에게 요구하는 것도 팀에 주어진 목적을 달성하게 하는 것이겠죠. 따라서 리더도 일하는 방식이나 수단보다는 목적에 초점을 맞춰 생각하는 것이 좋습니다.

동기부여를 생각해 볼까요? 사람마다 동기가 강화되는 요인은 다다릅니다. 보상이 중요한 사람이 있고, 일의 재미가 중요한 사람이 있죠. 그런데 모든 사람에게 동일한 요소로 동기부여를 하려고 하면 어떻게 될까요? 어떤 사람은 동기가 강화되지만, 어떤 사람은 그렇지 않을 것입니다. 따라서 팀 전체의 동기를 강화하기 위해서는 구성원 개개인의 동기 요소를 이해하고 그것을 자극하는 것이 필요합니다.

이것은 일의 다른 영역에서도 비슷하게 작용합니다. 정보를 수집할 때 전문가를 찾아 물어보는 것이 편한 사람이 있고, 인터넷 검색이 편한 사람도 있습니다. 프로그램을 만들 때 한 단계마다 오류를 검증해야 마음이 편한 사람이 있고, 일단 만들어 놓고 나서 오류를 수정하는 것이 더 효율적인 사람도 있습니다.

과정과 방식이 중요할 때도 있지만 더 중요한 것은 목적입니다. 목적을 달성하는 데 도움이 된다면 과정과 방식에는 좀 더 융통성을 발휘할 필요가 있습니다. 만약 구성원이 목적을 달성하지 못하고 있다면 그 구성원의 방식에 문제가 있는지 같이 이야기를 나누어도 좋겠죠. 하지만 목적을 충분히 달성하고 있다면 그 구성원의 방식을 지지하고 지원하는 것이 더 좋을 수 있습니다.

여론 조사와 기업 컨설팅으로 유명한 갤럽에서 25년간의 연구를 통해 유능한 관리자에 대해 정리하여 낸 책이 있습니다. 우리나라에서 이 책은 《유능한 관리자》로 번역되어 나와 있는데요. 이 책에서 말하는 유능한 관리자는 '구성원의 강점을 잘 활용하는 관리자'였습니다. 구성원의 강점을 잘 활용하는 관리자의 팀에는 유능한 인재들이 모이게 되고, 그것이 팀의 높은 성과로 연결되는 것이죠. 고객에게만 세분화가 필요한 것이 아니라, 일을 진행하는 구성원에게도 세분화된 대응이 필요합니다.

07

책임으로부터 도망치고 싶은
마음이 들어요

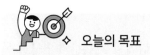

♦ **오늘의 목표**

☑ 나에게 맡겨진 책임을 이해하고 통제하기

《손자병법》에는 장수가 후퇴할 때 처벌받는 것을 두려워 하면 안 된다는 이야기가 있습니다. 일이 제대로 풀리지 않았을 때야말로 리더십을 발휘하여 조직을 잘 수습해야 하는데, 처벌을 피하는 것에 집중하면 판단을 그르쳐 조직에 돌이킬 수 없는 피해를 입힐 수 있기 때문이죠.

프로젝트가 좋은 결과를 만들었을 때는 조직에 문제가 조금 있어도 괜찮은 경우가 많습니다. 성과가 모든 것을 덮어주니까요. 하지만 프로젝트의 결과가 좋지 않을 때는 조직에 잠재되어 있던 문제들이 수면 위로 떠오릅니다. 이럴 때 리더가 책임 회피 성향이 강하다면 문제가 더 나쁜 방향으로 발전할 가능성이 높아집니다. 책임 회피 성향이 강한 리더는 자신의 약점이나 오류를 인정하지 않기 때문에 같은 잘못을 반복할 가능성도 높죠.

책임을 회피하려는 리더는 또한 결국 실력 있는 인재들이 조직을 떠나게 만듭니다. 실력 있는 인재들 중에는 진취적이고 도전적인 과업을 좋아하는 사람도 있는데, 리더에게 책임감이 없으면 그런 과업 자체가 잘 성립되지 않습니다. 게다가 과업을 진행하다 실패하기라도 하면 누군가 다른 사람에게 책임을 덮어 씌우기 십상이죠. 책임을 전가하는 리더만큼 구성원으로 하여금 빠르게 조직에 환멸을 느끼게 하는 요소도 드물 것입니다.

이렇듯 '책임감'은 리더의 필수 요소입니다. 그런데 처음 리더의 역할을 맡은 사람들 중에는 이 책임감 때문에 힘들어하는 사람이 많습니다. 실무자일 때와는 그 크기가 다르기 때문이죠.

책임감의 크기가 너무 커서 힘들다면 자신의 위치를 되돌아볼 필요가 있습니다. 아직 리더의 역할이 익숙하지 않은 사람에게 리더로서 경력을 오래 쌓은 사람과 동일한 기대를 갖는 조직은 없습니다. 조직에 큰 영향을 입힐 수 있는 역할에 경험이 부족한 사람을 리더로 임명하지도 않을 것입니다. 따라서 이제 막 리더로서 경력을 쌓기 시작한 사람이라면 조직에 큰 피해를 입힐까 봐 두려워할 필요가 별로 없습니다. 오히려 책임져야 할 일이 생겼을 때 그것에 책임감 있는 모습을 보여준다면 리더로서 좋은 자질을 가지고 있다는 것을 증명하게 되겠죠. 앞에서도 이야기했듯이 '책임감'은 리더에게 아주 중요한 요소이니까요.

책임감을 가볍게 여기라는 이야기는 아닙니다. 책임감은 무척 중요하지만 그것에 짓눌려서 리더로서 해야 할 일을 제대로 하지 못하면 안 된다는 것이죠. 만약 책임감의 무게가 너무 크고 그것을 혼자 통제하기 어렵다면 상위 리더나 구성원들과 그 책임감과 관련한 대화를 나누는 것도 좋습니다. 리더가 책임감에 짓눌려 힘들어하는 것은 조직이나 구성원들도 바라는 것이 아니니까요. 그리고 책임을 짊어지는 사람이 리더 혼자가 아니라는 것을 알게 되면 책임감을 통제하는 데 조금이라도 도움이 됩니다.

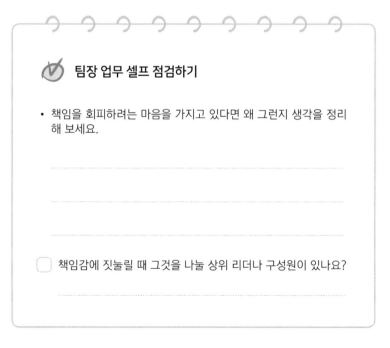

✔ 팀장 업무 셀프 점검하기

- 책임을 회피하려는 마음을 가지고 있다면 왜 그런지 생각을 정리해 보세요.

⬜ 책임감에 짓눌릴 때 그것을 나눌 상위 리더나 구성원이 있나요?

08
자신을 객관화하는 방법이 궁금해요

 **오늘의 목표**

☑ 자신을 객관적으로 평가해 보기

팀원을 평가하는 일도 리더가 하는 일 중 하나죠. 하지만 팀과 프로젝트에 가장 큰 영향을 미치는 사람인 만큼, 리더는 먼저 자기 자신을 냉정하게 평가할 수 있어야 합니다. 여기서 '냉정하게'가 중요한 포인트인데요. 사람은 자기 자신에게는 후하고 다른 사람에게는 박하기 때문에 리더가 자기 자신을 평가할 때는 자신을 타인처럼 객관화하여 평가하는 것이 중요합니다.

객관화하기 위해서는 머릿속에서만 평가하지 말고 글로 꺼내놓는 것이 도움이 됩니다. 다음과 같은 질문에 대응되는 답변을 글로 적어 보세요. 이때 나를 관찰하면서 가상의 다른 리더를 관찰하듯이 생각하고 글을 이어가면 객관화에 도움이 됩니다.

- 우리 팀에 필요한 리더는 어떤 모습의 리더인가?
- 지금의 리더는 어떤 유형의 리더이고 어떤 면이 팀에 도움이 되고 있나?
- 지금의 리더는 어떤 것이 부족한가?

나를 객관화하는 데 다른 사람의 피드백이 있다면 더 도움이 되겠죠. 팀원들과 신뢰를 쌓고 있다면 이들에게서 많은 피드백을 받을 수 있습니다. 그것이 어렵다면 나에게 피드백을 줄 수 있는 다른 누구라도 찾아보는 것이 좋습니다. 가족이나 친한 친구의 피드백도 충분히 도움이 됩니다.

자신을 객관적으로 평가하는 것은 성장에 꼭 필요합니다. 아직 완성된 리더가 아니라고 생각한다면 끊임없이 자신을 평가해야 합니다. 그런 과정을 통해 점차 좋은 리더의 모습을 갖추어 나갈 수 있고, 팀과 프로젝트에도 점점 더 좋은 영향을 미치게 될 것입니다.

09
쓴소리를 듣는 것이 어려워요

✧ 오늘의 목표

☑ 쓴소리를 들었을 때의 마음가짐 알기

게임을 설치해서 플레이해 봤는데 별로 재미가 없습니다. 마음에 안 드는 부분도 있고요.

이럴 때 여러분은 어떻게 하시나요? 대부분의 사람들은 그냥 그 게임을 지우고 다른 새로운 게임을 찾습니다. 마음에 안 드는 부분이 있다고 해서 그 내용을 리뷰에 남겨주는 고객은 생각보다 많지 않죠. 따라서 서비스나 제품의 리뷰에 안 좋은 의견이 있을 때는 그와 같은 생각을 가진 사람들이 몇 배 있다고 생각해야 합니다. 동시에

51

쓴소리를 남겨주는 고객을 소중하게 생각해야 하죠. 그 고객이 없었으면 그런 불만의 존재를 알 수 없었을 테니까요.

이런 일은 조직 내부에서도 발생합니다. 대부분의 사람들은 불만이 있어도 얘기하지 않죠. 따라서 불만을 이야기하는 사람이 없다고 해서 불만이 없다고 생각해서는 안 됩니다. 오히려 불만이 있는데 모르고 있는 상태라고 생각하는 것이 대체로 맞을 겁니다.

그래서 쓴소리를 하는 구성원을 소중하게 생각해야 합니다. 쓴소리를 하는 사람이 한 명이라고 해서 그렇게 생각하는 사람이 그 사람뿐인 것은 아니죠. 더 많은 사람들이 같은 생각을 가지고 있지만 말하지 않을 뿐입니다. 물론 쓴소리가 항상 옳은 소리인 것은 아닙니다. 불만이라는 것은 대체로 주관적인 판단의 결과물이니까요. 하지만 무엇이 옳은가뿐만 아니라 구성원이 어떤 생각과 감정을 가지고 있는가도 중요합니다. 그것이 구성원의 행동에 영향을 미치고 조직의 성과와 문화에도 적지 않은 영향을 미치기 때문이죠.

그러니 누군가 불만을 얘기했다면 그것의 옳고 그름만을 생각할 것이 아니라 그 사람이 왜 그런 생각을 가지게 되었는지 살펴보는 것이 좋습니다. 그리고 더 많은 사람들이 같은 생각을 가지고 있을 수 있다는 것을 떠올려야 합니다. 동시에 옳든 그르든 자신의 생각을 표현해 주는 것을 고맙게 생각하고 긍정적으로 반응해 주면 더욱 좋겠죠.

태도, 어떻게 변화해 나가야 할까요?

태도는 습관과 비슷합니다. 어떤 태도를 가져야겠다고 결심해도 곧바로 그 태도가 내 것이 되지는 않죠. 하지만 반복된 행동이 습관이 되듯이, 반복되는 행동을 통해 태도도 만들 수 있습니다. 다만 익숙하지 않은 행동을 긴 시간 꾸준히 반복하는 것이 쉽지는 않겠죠.

마라톤 선수가 힘들어도 계속 달릴 수 있는 것은 골인 지점이 명확하기 때문입니다. 골인 지점이 명확하다는 것은 확실한 성취가 존재한다는 것이고, 한 걸음 달릴 때마다 분명히 목적지에 가까워진다는 것을 의미하죠. **태도를 바꾸고자 할 때도 명확한 골인 지점을 설정해야** 합니다. 물론 새로운 태도에 언제 익숙해질 것인지를 예측하는 것은 어렵습니다. 따라서 조금 다른 방식으로 목표를 설정해야 하는데요. 바로 '양'을 목표로 삼는 것입니다.

예를 들어 '앞으로 100일 동안 구성원들에게 매일 긍정적인 이야기를 하나씩 해보자.' 같은 것들이죠. 100일간 꾸준히 한다고 긍정적인 태도가 몸에 밴다고 장담할 수는 없습니다. 하지만 새로운 태도가 내 것이 될 가능성이 상당히 높을 것입니다. 그리고 100일을 진행했는데 부족하다면 추가로 목표를 잡아 일정 기간 더 진행하면 됩니다. 분명 처음보다는 더 쉬울 것이고, 목표를 달성했을 때 태도가 내 것이 되어 있을 가능성도 더 높을 것입니다.

태도를 바꿀 때 도움이 되는 또 한 가지는 '회고'입니다. 태도를 바꾼다는 것은 익숙한 것에서 익숙하지 않은 것으로 변화한다는 것입니다. 따라서 방심하는 순간 예전의 행동으로 돌아갈 가능성이 높습니다. 이를 방지하기 위해 하루에 한 번 정도 내가 잘하고 있는지 회고해 보세요. 회고를 통해 내가 달성하려고 하는 것이 무엇이며, 그것을 위해 꾸준히 노력하고 있는지 머릿속에 분명하게 입력할 수 있습니다. 그리고 이 생각을 반복하면 잠재의식에도 그것이 점차 자리 잡고 점점 더 자연스러워질 것입니다.

03

리더가 운전하는
팀이라는 자동차

리더가 해야 하는 일은
사람들이 일을 하도록 만드는 것입니다.
단, 그들이 해야 하는 일이라서가 아니라
스스로 원해서 하게 만들어야 합니다.

하이럼 스미스(프랭클린 코비 전 회장)

10

팀의 목표는 어떻게 세워야 하나요?

오늘의 목표

☑ 팀의 목표를 설정하고 잘 세워진 목표인지 점검하기

누구에게나 목표를 잘 설정하는 것이 중요합니다. 그런데 팀의 목표에는 개인의 목표와 다른 특성이 있습니다. 팀의 목표는 개인이 자발적으로 설정한 목표가 아니라 조직의 비전에 따라 주어진 목표입니다. 그리고 한 사람을 위한 목표가 아니라 여러 사람에게 동시에 작용해야 하는 목표입니다. 또한 팀의 목표는 조직 전체의 목표와 긴밀하게 연결되어 있습니다. 따라서 팀의 목표를 설정할 때는 개인의 목표를 설정할 때보다 신경 써야 할 것들이 더 많은데요. 여기에서는 어떤 것들을 더 신경 써야 하는지 몇 가지 살펴보도록 하겠습니다.

1. 모두가 동일하게 해석할 수 있는 목표

외출하는 아내가 남편에게 세탁 좀 해달라고 했다.

남편은 아내의 말을 충실히 따라 세탁을 했다.

외출에서 돌아온 아내는 남편이 세탁만 하고 빨래를 널지 않은 것을 보고 한숨을 쉬었다.

이와 같은 상황은 디테일만 조금씩 다를 뿐 누구나 한번쯤 경험해 보았을 것입니다. 이처럼 같은 말이라도 사람에 따라 해석이 달라질 수 있습니다.

프로젝트와 팀의 목표도 마찬가지입니다. 프로젝트에 참가하는 구성원마다 경험이 다르고 가치관이 다르다 보니 목표를 설명하는 한 문장 안에서도 각자 다르게 해석할 수 있습니다. 이런 상황을 피하려면 목표 자체를 명확히 해놓을 필요가 있습니다. 다음 예를 보죠.

좋은 게임을 만들어 회사 매출에 기여하자	플레이스토어 매출 순위 10위 안에 들어가는 게임을 만들자
추상적인 목표	구체적인 목표

왼쪽 목표는 추상적인 단어와 모호한 표현으로 듣는 이에 따라 다르게 받아들일 여지가 많습니다. 반면 오른쪽 목표는 오해의 소지가 더 적습니다. 그러므로 목표 달성 여부를 누구나 동일하게 인식할 수 있도록 명확하게 목표를 설정해야 합니다. 목표를 동일하게 인식하고 있다면 의견이나 의지가 충돌하는 상황 속에서도 팀이 같은 곳을 바라보게 만들 수 있기 때문입니다.

2. 마음을 움직일 수 있는 목표

목표를 달성하기 위해서는 노력이 필요합니다. 그런데 노력은 사람의 마음이 만들어 내는 것이고, 사람의 마음은 사람의 이성과는 다소 별개의 것입니다. 예를 들어 건강 검진을 하면 적절한 운동과 식단 조절에 관한 조언을 받습니다. 그것이 좋은 조언이라는 것은 알지만, 스스로 건강에 이상을 느낀다든가 하여 마음에 와닿는 상황이 되지 않으면 잘 실행하지 않게 되죠.

반대로 스스로 이루고 싶은 목표를 만나면 그 목표를 달성하기 위해 몰입하게 됩니다. 따라서 같은 목표라도 구성원의 경험과 직접적으로 연결되어 구성원의 마음에 영향을 미칠 수 있는 형태로 목표를 설정하는 것이 팀에 도움이 됩니다. 게임의 월간 매출을 얼마로 만들겠다는 목표보다는, 잘 나가는 특정 게임보다 더 높은 매출 순위를 기록하자는 목표 같은 것이 구성원의 마음을 움직이기 더 쉬울 것입니다.

3. 전체 조직의 성과와 연결되어 있는 목표

조직의 성과와 팀의 목표가 연결되는 것은 당연하지만 그럼에도 불구하고 굳이 언급하는 이유는 이 사실이 프로젝트 구성원들에게 명확히 인식되어야 하기 때문입니다.

조직은 보통 여러 단계로 구성되어 있습니다. 게임 프로그래머를 예로 들면 개발 팀에 소속되어 있으면서 어떤 게임을 제작하는 조직의 일원일 것입니다. 동시에 여러 게임을 제작하는 스튜디오의 구성원일 것이고, 가장 크게는 어떤 회사의 직원이겠죠. 이렇듯 여러 단계의 조직에 동시에 포함되어 있지만, 사람들의 시야는 본인이 속해 있는 가장 하부 조직에 머물러 있기 쉽습니다.

아무래도 사람은 자신과 직접 맞닿아 있는 것들에 더 영향을 받기 마련입니다. 그러다 보니 우리 회사가 잘 돼야 내가 잘 된다는 인식 보다는 우리 팀이 잘 돼야 내가 잘 된다는 인식이 우세하기 쉽습니다. 그래서 팀 중심으로 뭉치게 되고 다른 팀과 충돌이 발생하며 적대감이 쌓이기도 합니다.

구성원들이 전체 조직의 목표를 바라보고 전체 조직의 목표에 공헌하려고 할 때 조직의 성과가 향상된다는 것은 분명합니다. 하지만 전체 조직의 목표를 항상 염두에 두는 것이 자연스럽게 이루어지는 일이 아니죠. 따라서 팀의 목표와 조직의 목표를 연결시키고 팀의 목표가 어떻게 조직의 성과에 공헌하는지 분명하게 선언할 필요가 있습니다. 사람들이 바라보는 팀의 목표가 조직의 목표와 명시적으로 연결되어 있다면 구성원들로 하여금 좀 더 전체 조직 중심으로 생각하고 행동하게 만들 수 있기 때문입니다.

목표가 실행에 영향을 미친다!

SMART 기법과 같은 유명한 목표 설정 기법이 있습니다. 목표를 어떻게 세우느냐가 실행에 영향을 미치기 때문에 이러한 목표 설정 기법들이 존재하는 것이죠. 팀의 생산성을 높이고자 한다면 목표를 잘 설정하기 위해 고민할 필요가 있습니다.

모든 활동은 목표를 세우는 것으로 시작됩니다. 목표를 잘 세우는 것이 성공을 향한 첫걸음이 되죠. 누구나 동일하게 이해할 수 있고 열정을 자극하면서 전체 조직의 목표와 명확히 연결되어 있는 목표가 있다면 팀과 프로젝트는 성공과 성취를 향해 곧바로 나아갈 수 있을 것입니다.

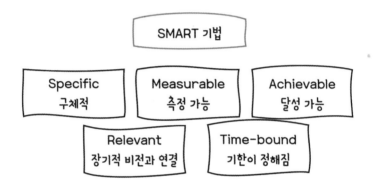

11

역할과 책임은 어떻게 정리하면 좋을까요?

오늘의 목표

☑ 역할과 책임이 잘 정의되어 있는지 검토하고 구성원들이 잘 알게 하기

조직 안에서 생기는 문제 중 꽤 많은 경우가 '역할과 책임'이 분명하지 않아서 생깁니다. 직장 생활을 5년 정도 한 사람이라면 누구나 한 번쯤 경험했을 만큼 흔한 문제죠. 이를 반대로 생각하면 프로젝트에 필요한 역할과 책임을 잘 정의하고 관리하는 것만으로도 꽤 많은 문제를 예방할 수 있다는 뜻입니다. 이번에는 역할과 책임을 어떻게 정리하면 좋을지 한번 이야기해 보겠습니다.

직무와 직책을 기준으로 먼저 정의해 놓자

직무와 직책을 기준으로 한다는 것이 무슨 뜻일까요? 다음 두 문장을 비교해 보면 알 수 있습니다.

기획서 파일 관리는 김유신 님이 합니다.	기획서 파일 관리는 메인 기획자가 합니다.
사람 기준	**직무 기준**

프로젝트를 진행할 때 보통 필요한 직무가 먼저 정의되고, 이후 직무에 적절한 사람이 배치됩니다. 따라서 '사람'보다는 '직무'가 프로젝트의 본질과 더 가깝고 그만큼 변동도 더 적죠. '기획자 1명과 프로그래머 2명'이 '김유신, 이순신, 장보고'보다 프로젝트의 인적 구성을 더 잘 표현한다는 이야기입니다.

물론 최종적으로 업무를 '누가' 하는지까지 명확하게 정의되어야 하겠죠. 하지만 그전 단계에서 먼저 직무를 기준으로 역할과 책임을 정의하는 것이 좋습니다. 업무의 역할과 책임이 특정 사람에게 부여되는 근거도 결국 '직무'에 있고, 역할과 책임을 조정해야 할 때도 '직무'를 보고 조정해야 하니까요.

인원이 많지 않은 프로젝트에서는 한 사람이 여러 개의 직무를 동시에 맡는 경우도 종종 생깁니다. 메인 기획자가 프로젝트 매니저의 역할도 같이 수행하는 경우처럼 말이죠. 이때 그 사람이 맡은 역할과 책임이 각각 어떤 직무와 연관되어 있는지 명확해야 향후 역할과 책임을 조정할 때도 혼란을 피할 수 있습니다.

역할과 책임을 가지고 있는 사람을 명확히 하자

같은 직무가 여러 명일 수 있으니 그다음에는 사람별로 역할과 책임을 배정해 주어야 합니다. 그리고 각 인원에게 할당된 역할과 책임을 모두가 알 수 있게 공유하는 과정이 필요합니다.

기획자, 프로그래머, 아티스트들이 각자 자신이 해야 할 일을 잘 알고 있기 때문에 이런 과정이 불필요하다고 생각할 수도 있습니다. 하지만 업무 중에는 경계선상에 존재하는 것들도 있습니다. 예를 들어 게임에서 특수 효과가 필요할 때 프로그래머가 효과를 만들 수도 있고, 아티스트가 효과를 만들 수도 있습니다. 이런 업무는 양쪽 직무에 모두 역할과 책임이 있을 수 있으며, 프로젝트 현황에 따라 누가 담당할지 명확히 정리하는 것이 필요합니다.

경계선상의 업무는 역할과 책임이 명확하지 않으면 서로 미루다가 작업 공백이 생길 수 있습니다. 아니면 같은 작업을 두 사람이 하고 있는 상황이 될 수도 있고, 구성원 간에 갈등이 발생할 수도 있습니다. 따라서 프로젝트를 원활하게 진행하기 위해서 이러한 점에 특별히 주의를 기울일 필요가 있습니다.

권한과 책임은 항상 같이 움직이도록 하자

많은 사람들은 더 많은 권한을 가지고 싶어 하지만 그 책임은 다른 사람에게 넘기고 싶어 합니다. 잘 되면 내 탓, 안 되면 조상 탓인 거죠. 그래서 종종 권한과 책임이 서로 다른 사람에게 존재하는 일이 발생하기도 합니다.

책임은 지지 않고 권한만 가진 사람은 권한을 남용하기 쉽습니다. 문제가 생겨도 본인이 책임지지 않기 때문이죠. 반대로 권한은 갖지 못하고 책임만 지는 사람은 책임질 상황을 피하려고 합니다.

이런 상황은 특히 의사결정자와 실행자의 관계에서 많이 발생합니다. 아티스트가 그린 그림을 아트 디렉터가 승인했다면 그 그림에 대한 책임은 아트 디렉터가 가져가야겠죠. 그런데 그림이 문제가 되었을 때 그 책임이 아티스트에게 가는 경우가 있습니다. 물론 아티스트도 책임이 전혀 없지는 않겠지만 더 큰 책임은 그 그림을 승인한 사람에게 있습니다.

권한과 책임은 항상 같이 움직여야 합니다. 그래야 본래의 의도가 충분히 살아날 수 있습니다. 그렇기 때문에 '역할과 책임', '권한과 책임', 'R & R(Role & Responsibility)'처럼 항상 묶어서 얘기하는 것이죠. 권한을 줄 때는 그에 따른 책임도 명확히 해 두어야 하고, 반대로 책임을 부여할 때는 책임을 물을 수 있을 만큼의 충분한 권한을 같이 주어야 합니다.

의사결정 방식도 명확히 하자

역할과 책임 중에서 특별히 신경 써야 하는 부분은 의사결정과 관련된 것입니다. 앞에서 이야기한 승인 과정과 관련한 부분인데, 이 승인 과정 때문에 혼선이 발생하는 경우가 종종 있습니다.

게임 제작 프로젝트를 예로 들면 팀장과 디렉터가 따로 있는 경우가 있습니다. 기획 팀장과 기획 디렉터가 따로 있고 아트 팀장과 아트 디렉터가 따로 존재하는 식이죠. 이럴 때 실무자 입장에서는 누구에게 승인을 받아야 할지 혼란스러울 수 있습니다. 여기에 프로듀서도 승인에 참여하고 회사 대표까지 직접 작업자의 결과물에 관여하면 승인 과정이 굉장히 복잡해집니다.

승인 과정이 여러 단계로 구성되는 이유도 있을 것이고, 복잡하게 구성해야 하는 사정도 있을 것입니다. 중요한 건 과정이 단순하든 복잡하든 실무자가 그 과정을 명확히 인지할 수 있게 정리해 주어야 한다는 것입니다.

한 가지 덧붙이자면 의사결정 과정은 순수하게 결과물의 품질을 올리기 위해 구성되어야 합니다. 의사결정 과정이 직책자의 위력을 과시하기 위한 수단으로 사용되어서는 안 된다는 이야기입니다. 그래야 실무자가 납득할 수 있는 의사결정 과정을 구축할 수 있고, 실제 결과물의 품질도 목표한 바에 도달할 수 있습니다.

분쟁 지역 관리

경계선 지역은 분쟁이 잠재되어 있는 지역입니다. 서로의 권리를 주장하거나 서로 책임을 미루면서 분쟁이 발생할 수 있죠. 어느 쪽에 권리와 책임이 있는지가 명확하지 않으면 분쟁은 쉽게 일어납니다. 그리고 그런 분쟁이 반복되면 프로젝트의 성공에 큰 장애물이 됩니다. 따라서 리더는 권리와 책임이 불분명한 부분을 찾아 그것을 명확히 해주어야 합니다.

한번 정리했던 부분을 다시 정리해야 하는 경우도 있습니다. 시기에 따라 일이 몰리는 사람이 달라집니다. 간혹 프로젝트의 방향성이 크게 변경되기도 하고 갑작스러운 인력 공백이 발생하는 경우도 있습니다. 그럴 때마다 역할과 책임이 모호해진 부분이 없는지, 재조정이 필요한지 한번 살펴보세요. 이미 정리한 것을 다시 정리하는 것이 번거롭게 느껴질 수도 있겠지만, 많이 살피는 만큼 많은 문제를 예방할 수 있다는 것을 기억하세요!

✔️ 팀장 업무 셀프 점검하기

☐ 모든 역할과 책임이 직무와 직책별로 정리되어 있나요?

☐ 의사결정 과정을 모두가 명확하게 인지했나요?

12

팀워크는 어떻게 형성해야 할까요?

오늘의 목표

☑ 팀워크를 형성하기 위해 필요한 사항 이해하고 실천하기

'팀워크'라고 하면 어떤 것이 먼저 떠오르나요? 보통은 '사람과 사람 사이의 관계'를 떠올리게 됩니다. 관계야말로 팀워크의 핵심이며 본질이라고 할 수 있을 것입니다. 팀워크(teamwork)란 목표를 달성하기 위하여 협력적으로 행동하는 것을 말하니까요. 그런데 팀워크를 형성하는 관계에는 사람과 사람 사이의 관계만 있는 것이 아닙니다. 사람과 팀 또는 사람과 프로젝트 사이의 관계도 존재하죠.

사람들은 중요한 존재가 되고 싶어 한다

사람들은 자신이 중요한 사람으로 여겨지기를 바랍니다. 중요한 사람으로 여겨진다는 것은 자신의 가치를 조직이 인정해 준다는 것이고, 그것은 구성원이 느끼는 안전감의 바탕이 됩니다. 그래서 사람들은 자신이 참여하는 프로젝트가 전체 조직에 중요한 의미를 가지는 프로젝트이기를 바라고, 그 프로젝트에서 자신이 수행하는 역할 또한 중요한 역할이기를 바라죠.

조직에서 중요하게 여기지 않는 프로젝트에 몸 담고 있거나, 프로젝트의 성공에 별로 기여하지 못하고 있다고 생각하는 구성원은 안전감이 크게 흔들리게 됩니다. 특히 게임 업계처럼 이직이 잦은 업계에서는 언젠가 자의와 상관없이 이직을 해야 할 수 있다는 압박감에 시달리기 쉽습니다. 그리고 구성원이 이런 압박감에 시달리는 상황에서 팀워크를 유지하는 것은 어려운 일이죠.

따라서 **프로젝트가 갖는 의미와 그 안에서 각자가 수행하는 역할의 중요성**을 구성원 모두의 마음속에 잘 심어줄 필요가 있습니다. 프로젝트의 가치와 역할의 중요성을 리더가 확신 있는 태도로 이야기해 주는 것이 좋습니다. 리더를 향한 신뢰가 형성되어 있다면 이 부분에서도 큰 도움이 될 것입니다.

리더십을 향한 신뢰가 필요하다

팀워크를 만들어 내기 위해서는 구심점이 필요합니다. 그리고 그 구심점의 역할은 보통 리더가 담당하죠. 아무래도 중요한 의사결정을 하는 사람이 리더이기 때문입니다.

때로는 분위기 메이커라든가 구성원들의 정신적 지주 역할을 하는 사람이 별도로 존재할 수도 있습니다. 하지만 그런 경우에도 전체 **팀워크의 중심에는 항상 리더가 존재해야 합니다.**

팀워크라는 것은 강제로 형성되지 않습니다. 팀워크를 형성하려면 구성원의 동의가 필요하죠. 그 동의를 유도할 수는 있지만 강제로 얻어낼 수는 없습니다. 그리고 구성원이 팀워크를 받아들이고 팀의 일부가 되겠다고 마음먹으려면 팀워크의 중심인 리더를 신뢰할 수 있어야 합니다.

구성원들 간에 그물처럼 촘촘히 얽혀 있는 관계가 모두 좋을 수는 없지만, 구성원들이 리더와 신뢰로 묶여 있다면 갈등과 무관심들이 프로젝트의 성과에 미치는 영향을 억제할 수 있습니다. 모두가 믿고 따르는 한 사람이 있다면 조직은 하나의 목적을 향해 유기적으로 움직일 수 있게 되기 때문입니다.

알아도 되는 것은 전부 알게 해야 한다

어떤 사람이 다른 사람에게는 하는 이야기를 내게는 하지 않는다면 어떤 기분이 들까요? 아마도 섭섭하고 서운하겠죠. 그 사람이 나를 중요하게 여기지 않는다는 생각도 들 것입니다. 조직에서도 비슷한 일이 발생합니다.

누군가는 알고 있는 사실을 다른 누군가는 모르고 있다면 모르고 있는 그 사람은 조직이 자신을 존중하지 않는다고 느끼기 쉽습니다. 조직과 자신의 관계를 월급과 일을 교환하는 것 이상도 이하도 아닌 단순한 계약 관계로 정의하게 될 수도 있죠. 그런 관계는 팀워크를 형성하는 데 방해가 됩니다. 따라서 조직을 구성하는 구성원들이 동일한 수준의 정보를 보유할 수 있도록 신경 써야 합니다.

때에 따라서는 보안 등의 이유로 일부 구성원이 더 많은 정보를 가질 수밖에 없는 경우도 있습니다. 하지만 어떤 정보가 존재하고 그 정보가 어떤 이유로 자신에게 공개되지 않는지 정도는 구성원들이 알아야 합니다. 그러면 정보의 불균형으로 인해 팀워크가 무너지는 일은 잘 발생하지 않습니다. 구성원 입장에서는 자신이 '알아도 될 만한' 정보를 모두 알고 있는 것만으로도 충분히 존중받는다는 느낌을 받을 수 있기 때문이죠.

긍정적인 분위기를 유지하자

팀워크를 위협하는 흔한 것 중 하나가 부정적인 생각이나 감정입니다. 특히 프로젝트에 안 좋은 상황이 되면 팀워크가 와해되기 쉽습니다. 반면 위기 속에서도 팀워크가 단단하게 유지되는 팀들이 있습니다. 그런 팀들이 공통적으로 보이는 모습 중 하나는 팀이 위기에 빠졌을 때도 긍정적인 분위기를 유지하기 위해 노력한다는 것이죠. 팀이 어려운 상황을 이겨낼 수 있다는 믿음이 있다면 굳이 자신의 안전을 확보하기 위해 따로 노력할 필요가 없을 것입니다.

팀이나 프로젝트가 어려운 상황에 처하지 않은 경우에도 부정적인 생각과 감정은 팀워크에 안 좋은 영향을 미칠 수 있습니다. 구성원의 업무 의욕을 꺾고 팀과 프로젝트에 대한 의구심을 증폭시키니까요. 따라서 평소에도 긍정적인 분위기를 잃지 않는 것이 필요합니다.

긍정적인 분위기를 유지하기 위해서는 성공적인 결과에 관한 메시지가 팀 안에서 계속 교환되도록 하는 것이 도움이 됩니다. 그리고 밝은 감정이 팀 안에서 계속 흘러다니게 만들어야 합니다. 좋은 일이 있을 때 다 같이 축하하고 나쁜 일이 있을 때 분위기 전환을 하면 좋겠죠. 이때 말보다는 어떤 행동(맛있는 것을 나눠 먹는 등)을 하는 것이 더 도움이 됩니다. 그리고 리더가 먼저 긍정적인 태도를 보여주는 것도 필요합니다. 리더의 감정 상태가 팀에 전이되니까요.

친분 말고 다른 것이 필요하다

친하지 않아도 좋은 팀워크를 만들 수 있습니다. 과거에는 팀워크를 위해 사적인 친밀도를 높여야 한다고 생각해서 같이 술도 먹고, 등산도 가고, 일 년에 두 번씩 워크숍도 갔죠. 하지만 이제는 멀티 페르소나의 시대입니다. 사적인 공간에서의 나와 일터에서의 나는 별개의 존재이죠. 사적인 공간에서 친하지 않은 사람과도 일터에서는 좋은 호흡으로 함께 일할 수 있습니다.

다만 사적인 친분은 필요 없더라도 일터 안에는 좋은 팀워크를 위해 필요한 것들이 존재합니다. 리더를 향한 신뢰, 성공할 수 있다는 믿음, 동료를 향한 존중 같은 것들이죠. 그런 것들을 잘 관리하는 것이 좋은 팀워크를 형성하기 위한 시작점입니다.

구성원 사이에 불화가 생겼어요

 **오늘의 목표**

☑ 구성원 사이의 불화에 적절히 대처하는 방법 이해하기

여러 사람이 모여 일을 하면 필연적으로 갈등이 발생합니다. 특히 게임 제작 팀처럼 하는 일이 서로 다른 사람들이 하나의 조직에 모여 있으면 갈등이 발생할 여지가 더 크죠. 이 갈등이 작을 때는 문제를 일으키지 않지만, 갈등이 커지면 문제가 됩니다. 그리고 구성원 사이의 '불화'로 발전하면 팀워크를 무너뜨리는 요인이 되기도 하죠.

문제가 드러났다면 상황은 생각보다 심각한 상태다

구성원 사이에 존재하는 감정적인 문제는 골이 깊어지기 전에는 잘 드러나지 않습니다. 참고 넘기려는 경향도 있고, 큰 문제로 만들지 않으려고 하는 경향도 있죠. 그러다 더 이상 참기 어려운 상태가 되면 수면 위로 떠오릅니다. 따라서 구성원 사이에 불화가 발견되었을 때는 보이는 것보다 상처가 깊다고 생각하는 것이 좋습니다.

불화가 발견되었을 때 리더로서 가장 먼저 해야 할 일은 당사자의 감정에 공감해 주는 것입니다. 감정적으로 격앙되어 있을 때 이성적인 해결책은 도움이 되지 않습니다. 무엇이 옳고 그른지 판단할 여유가 없죠. 따라서 당사자의 마음을 진정시키는 것이 우선입니다. 누군가 당사자의 마음에 공감을 해주면 격앙된 감정이 어느 정도는 누그러지게 됩니다.

사실에 기반하여 문제를 확인하자

감정이 개입되어 있는 문제에서는 왜곡된 진술이 나오기 쉽습니다. 그래서 이런 문제에 대처할 때는 추론을 배제하고 사실 위주로 정리하는 것이 중요합니다. 물론 사실만으로 진실에 접근하는 것은 현실적으로 어려운 일이죠. 하지만 적어도 시작은 사실에서 하는 것이 좋습니다. 시작점부터 편향되어 있으면 이후에도 올바른 판단을 내리기가 어려우니까요.

사실에서 시작하더라도 결국 추론과 평가가 필요할 때가 있습니다. 이럴 때는 정보를 최대한 모으고 가급적이면 리더가 직접 판단하려고 노력해야 합니다. 제3자의 말이라도 아무 생각 없이 그대로 수용하는 것은 위험한데요. 제3자처럼 보이더라도 리더가 알 수 없는 숨어 있는 이해관계가 존재할 수 있기 때문이죠. 사람 사이에는 드러나지 않는 이해관계가 많다는 것을 명심해야 합니다.

커뮤니케이션에 주의를 기울이자

불화를 해결할 때는 대부분 커뮤니케이션이 그 수단이 됩니다. 단, 당사자의 감정이 이미 상한 상태이기 때문에 특히 조심스러울 필요가 있습니다. 먼저 생각할 것은 사람을 공격하지 않는 것입니다. 양쪽 당사자 모두 마찬가지인데요. 사람보다는 당사자 사이에 존재했던 이슈를 중심으로 이야기를 풀어나가는 것이 좋습니다.

그리고 상대방을 변호하는 이야기도 좋지 않죠. 자칫 상대방을 편드는 것으로 보일 수 있으니까요. 이야기 중간에 당사자가 상대방을 이해하는 듯한 표현을 하면 거기에 맞장구쳐 주는 정도가 좋습니다. 그리고 감정이 어느 정도 누그러진 상태라면 팀에 관한 이야기를 꺼내는 것도 좋겠죠. 감정이 가라앉고 나면 당사자의 머릿속에 팀이 떠오를 테고, 팀을 위해 문제를 원만히 해결하고 싶은 마음도 생길 것입니다.

마지막으로 이런 커뮤니케이션이 어렵다면 조율에 능한 사람이나 당사자가 신뢰하는 사람에게 도움을 청하는 것도 좋습니다. 모든 문제를 꼭 리더가 해결해야 하는 것은 아니니까요.

정답은 없다

감정이 상하는 상황은 다양합니다. 사람에 따라 감정의 크기와 종류도 다양하죠. 따라서 어디든 통하는 정답 같은 해결책은 없습니다. 다만 당사자의 감정 상태에 주의를 기울이면 어느 경우든 문제를 해결하는 데 큰 도움이 됩니다. 감정적인 문제의 해결은 언제나 '공감'에서부터 시작해야 한다는 것을 기억하세요.

✅ 팀장 업무 셀프 점검하기

☐ 당사자의 감정에 공감했나요?

☐ 문제의 원인을 객관적으로 파악했나요?

• 문제 해결을 위해 세심한 커뮤니케이션을 진행했나요?
  어떠한 커뮤니케이션을 사용했나요?

14

팀워크를 파괴하는 구성원이 있어요

오늘의 목표

☑ 팀워크를 파괴하는 구성원에 적절히 대처하는 방법 이해하기

구성원 간의 불화도 골치 아픈 문제이지만 팀워크를 파괴하는 구성원의 존재는 리더를 더 힘들게 합니다. 몇 가지 예를 들어 볼까요? 일을 제대로 하지 않고 말로만 하는 사람, 다른 사람에 관한 험담을 일삼는 사람, 다른 의견에 지나치게 감정적으로 대응하는 사람 등이 있죠. 이런 구성원의 존재는 팀워크를 빠르게 파괴하고 프로젝트에 돌이킬 수 없는 상처를 남길 수 있습니다. 따라서 늦지 않게 문제를 파악하고 해결할 필요가 있습니다.

먼저 행동의 변화를 요청하자

먼저 당사자에게 문제를 있는 그대로 바라보고 태도를 바꿀 것을 요구하는 과정이 필요합니다. 문제를 해결할 기회를 주고 해결할 의지가 있는 구성원을 적극적으로 도와주는 것도 리더가 해야 할 일 중 하나이기 때문이죠. 아무리 심각한 문제를 일으키는 구성원이라고 해도 바로 팀에서 배제하려고 하는 것은 좋지 않습니다. 그 자체가 부당한 처사로 여겨질 수 있고 리더의 위력을 과시하는 것으로 비칠 수도 있으니까요.

행동이나 태도를 바꾸는 데는 시간이 걸립니다. 따라서 해당 구성원에게 충분한 시간을 주고 기다리는 것도 필요하겠죠. 그리고 리더가 도와줄 수 있는 부분이 있는지 물어보는 것도 중요합니다. 당사자를 외롭게 놔두는 것보다 리더가 문제를 같이 해결하고자 한다는 것을 보여주는 것이 문제 해결에 조금 더 도움이 되기 때문입니다.

결단이 필요하다

해결을 시도했지만 성공하지 못하고 앞으로도 문제가 수정될 것으로 기대되지 않는 경우가 있습니다. 이때는 당사자를 팀에서 배제하는 결단이 필요할 수 있습니다. 사람을 팀에서 배제하는 것은 리더에게 가장 어렵고 힘든 일 중 하나이죠. 그래서 많은 리더들이 망설이고 주저합니다. 하지만 팀워크를 파괴하는 구성원을 남겨두면 결국 일 잘하는 구성원이 먼저 팀을 떠나게 됩니다. 따라서 어렵고 힘들어도 팀을 위해서 리더가 책임지고 수행할 필요가 있는 일입니다.

당사자를 배제하는 과정은 회사에 따라 보통 정해져 있습니다. 다만 그 과정에서 리더가 명심해야 할 것이 있습니다. 바로 감정적으로 대응하지 말고 충분히 예의를 갖추어 진행해야 한다는 점입니다. 배제 당사자가 감정적으로 나오더라도 리더는 감정적으로 맞대응해서는 안 됩니다. 한 팀의 동료였던 사람을 팀에서 배제하는 것은 그 자체로 여러 사람에게 상처를 남기기 때문에, 최대한 '납득할 수 있는 과정'을 거치는 것이 중요합니다.

역량이 부족한 경우

간혹 인성이나 태도에는 문제가 없는데 실력 때문에 문제가 되는 경우도 있습니다. 예를 들어 어떤 팀원의 역량이 너무 부족해서 다른 사람들이 필요 이상의 업무를 진행해야 하는 경우가 있죠. 그것이 잠시 동안이라면 상관없는데, 장기간 그런 상태가 지속된다면 역시 팀워크에 문제가 생길 수 있습니다.

이런 경우는 당사자가 하는 업무가 당사자와 잘 안 맞는 것이라고 볼 수 있습니다. 충분한 코칭이 진행되었는데도 실력이 향상되지 않아 계속 주변 사람들이 힘들어 한다면 그 사람은 다른 업무를 하거나 다른 직업을 찾는 것이 좋습니다. 따라서 이 경우에도 당사자를 팀에서 배제하는 과정이 진행될 수 있지만, 단순히 배제하는 것을 목적으로 하기보다 당사자에게 적합한 업무나 커리어를 찾아주는 과정으로 진행하는 것이 더 좋습니다.

팀과 프로젝트가 먼저다

조직에서 사람과 관련한 이슈가 발생하면 보통 리더의 책임이 됩니다. 그러다 보니 사람이 얽힌 문제는 팀 내에서 해결하고 외부에 알리지 않으려고 하는 리더들이 있죠. 하지만 사람과 관련한 문제에 잘 대처하지 않으면 더 큰 문제가 발생할 수 있습니다. 따라서 문제가 발생하면 혼자서 감당하기보다는 직속 상사나 다른 리더, 또는 믿을 수 있는 누군가와 의논하여 대응하는 것이 좋습니다. 리더는 자기 위치를 지키는 것보다 팀과 프로젝트를 위기로부터 보호하는 것을 더 중요하게 여겨야 한다는 것을 잊어서는 안 됩니다.

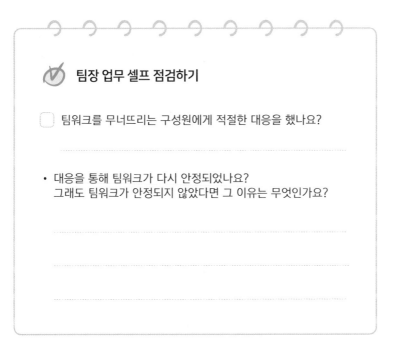

☑ 팀장 업무 셀프 점검하기

☐ 팀워크를 무너뜨리는 구성원에게 적절한 대응을 했나요?

· 대응을 통해 팀워크가 다시 안정되었나요?
  그래도 팀워크가 안정되지 않았다면 그 이유는 무엇인가요?

15

구성원이 갑자기 퇴사했어요

오늘의 목표

☑ 갑작스러운 구성원의 이탈에 어떻게 대응해야 좋을지 생각해 보기

리더 역할에 아직 익숙하지 않을 때는 구성원의 이탈로 마음이 크게 흔들릴 수 있습니다. 자신이 책임지고 있는 조직에서 사람이 이탈하면 자신 때문인 것처럼 느껴지기 때문이죠. 하지만 사람이 이탈하는 것은 흔한 일입니다. 자신을 한번 돌아보는 것은 좋지만 감정적으로는 흔들리지 않도록 해야겠죠. 물론 인력 이탈이 사소한 일은 아닙니다. 갑작스러운 이탈은 팀과 프로젝트에 큰 영향을 주기에 적절히 대처하는 것이 중요합니다.

업무를 조정하자

인력이 이탈하고 나면 나머지 구성원들이 이탈자의 업무를 메웁니다. 당연히 평소보다 업무량이 늘어나게 되는데, 짧은 기간이라면 괜찮겠지만 공백기가 길어지면 늘어난 업무량이 큰 부담이 될 수 있습니다. 따라서 인력 이탈이 발생했을 때는 그로 인한 나머지 구성원의 업무 부담을 최대한 줄여놓는 것이 필요합니다. 특히 충원에 시간이 걸릴 것으로 예상된다면 더욱 신경 써야 하죠. 여기에 이탈한 인력의 업무를 보충하는 구성원에게 적절한 보상과 격려가 더해진다면 더 좋습니다.

그리고 인력 이탈로 인해 발생한 리스크가 있는지 검토하고 새로운 리스크가 있다면 대처 방안까지 빠르게 정리해야 합니다. 예를 들어 연출을 담당하는 구성원이 퇴사했는데 팀에 연출을 대신해 줄 만한 팀원이 없고 채용도 금방 될 것 같지 않다면, 다른 팀에 협조를 구하거나 외주를 고려하는 등의 대응이 뒤따라야 합니다.

공감대를 형성하자

동료의 이탈이 내부 구성원에게는 빠르게 체감되지만 외부 구성원에게는 그렇지 않습니다. 협업을 하는 팀이나 상위 리더도 결원이 생겼다는 소식을 듣기는 했지만, 그것이 이들의 이해관계와 직접적으로 닿아 있는 것은 아니기 때문에 내부 구성원들이 느끼는 것만큼 절박하거나 중요하게 느끼지 않을 수 있습니다.

그런데 이런 점이 종종 팀과 프로젝트의 발목을 잡는 결과로 이어지기도 합니다. 인원의 이탈로 팀의 생산성은 떨어졌는데 외부의 기대치는 그대로이기 때문이죠. 따라서 리더는 팀이 겪는 위기와 어려움을 외부 인원에게 설명하고 공감대를 얻어내려고 노력해야 합니다. 그렇지 않으면 이해의 정도가 달라 갈등이 생길 수 있고, 조직이 충원에 적극적이지 않아 팀원들이 힘들어 하는 기간이 길어질 수도 있습니다.

충원에 적극적으로 임하자

다른 구성원이 이탈한 사람의 업무를 메워주고 있다고 해서 팀이 잘 돌아가고 있는 것은 아닙니다. 업무 부담의 시간이 길어지면 또 다른 구성원이 이탈할 수 있고, 이로써 팀이 치명적인 위기에 빠질 수 있습니다. 따라서 업무 소화가 가능한 동안 빨리 충원하려고 노력해야 합니다.

적극적인 충원 방법으로 지인 네트워크를 활용하는 것이 있습니다. 우리 팀에 어떤 구성원이 필요한지 알리고 지인들로부터 추천을 받는 것입니다. 지인이 추천하는 인력은 어느 정도 믿을 수 있기 때문에 실제로 많이 활용하는 방법입니다. 다음으로 채용 사이트에 올라온 이력서를 보고 먼저 연락을 하는 방법도 있습니다. 면접을 보지 않겠냐고 물어보는 것이죠. 이직을 하고 싶지만 방법을 모르거나 소극적인 사람들도 있기 때문에 이런 방법으로도 지원자를 늘릴 수 있습니다. 마지막으로 제품 홍보에 공을 들이듯이 채용 공고에 공을 들이는 방법이 있습니다. 공고의 내용에 따라서 지원자의 수는 크게 달라집니다.

'영원히 함께'는 없다

구성원이 이탈하는 것은 흔한 일입니다. 생각지도 못한 사람이 갑자기 그만두는 것도 자주 있는 일이죠. 따라서 이런 일로 위축되거나 고민하지 말고 이런 일에 대응하는 것에 익숙해져야 합니다. 좋은 인력을 빨리 충원하는 것도 리더의 능력을 가늠하는 한 가지 요소이니까요.

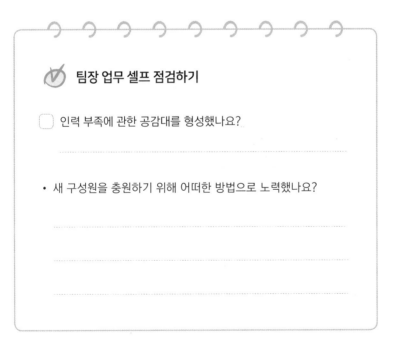

✅ 팀장 업무 셀프 점검하기

☐ 인력 부족에 관한 공감대를 형성했나요?

• 새 구성원을 충원하기 위해 어떠한 방법으로 노력했나요?

16

팀에 갈등이 생기지 않게 할 수 있을까요?

오늘의 목표

☑ 갈등 관리의 맥락을 이해하고 갈등을 예방하기 위한 계획 수립해 보기

세상에 생각이 완전히 같은 사람은 없죠. 어떤 부분에서는 의견이 일치해도 어떤 부분에서는 의견이 엇갈립니다. 두 명만 모여도 갈등이 생길 수 있는데 수십 명이 모여 일을 하는 조직에서 갈등이 없기를 바라는 것은 무리겠죠. 그러니 갈등이 존재한다고 너무 심각하게 생각하지 않아도 됩니다. 당연히 있어야 할 것이 있는 것이니까요.

다만 갈등을 관리하지 않고 방치하면 정말 심각한 상황에 직면할 수 있습니다. 따라서 갈등 관리를 프로젝트 진행의 한 요소로 인식하고 프로젝트 초기부터 꾸준히 신경 써 주는 것이 필요합니다. 그러면 갈등을 완전히 없앨 수는 없더라도 프로젝트에 크게 영향을 미치지 않도록 통제할 수 있습니다.

갈등을 예방하자

갈등은 생각의 차이에서 발생하는 경우가 많습니다. 하지만 사람들의 생각을 하나로 맞춘다는 것은 무척 어려운 일입니다. 이에 비해 서로 생각이 다를 수 있다는 것을 이해하는 것은 비교적 쉬운 일입니다. 그리고 서로 생각이 다를 수 있다는 것을 받아들이는 것만으로도 갈등의 크기를 줄일 수 있습니다.

서로 다를 수 있다는 것을 받아들이기 위해서는 먼저 서로를 이해할 필요가 있습니다. 서로가 하는 일이 무엇인지, 서로가 중요하게 생각하는 것은 무엇인지, 그리고 서로에게 어려운 일은 무엇인지 등을 알아야 합니다. 알고 나면 이해하기 쉬워지고, 이해하고 나면 갈등이 줄어듭니다.

작은 갈등이 있을 때부터 그것을 해소하는 분위기를 만드는 것도 좋습니다. 작은 갈등은 사소한 것으로 여기는 경우가 있는데, 그러다 갈등이 커지면 대처하고 싶어도 대처하기 어려워집니다. 따라서 작은 불편함이나 곤란함도 그때그때 해결하는 것이 좋습니다. 리더가 먼저 이런 태도를 보여준다면 좋은 분위기를 만드는 데 도움이 되겠죠.

마지막으로 구성원 모두가 팀과 프로젝트의 목적을 위해 함께 노력하고 있다는 믿음을 심어주려고 노력해야 합니다. 아무리 생각이 다르고 의견이 엇갈리는 사람이라고 해도 상대방도 나처럼 프로젝트의 성공을 위해 애쓰고 있다는 것을 알면 상대방을 이해하고자 하는 마음이 좀 더 생길 테니까요.

갈등을 탐색하자

구성원들이 갈등의 존재를 리더에게 이야기해 주면 좋겠지만, 그것이 쉬운 일은 아닙니다. 사람에 따라서는 자신이 겪고 있는 갈등을 누군가에게 보여주는 것이 굉장히 어려울 수 있습니다. 갈등을 경험하고 있다는 것 자체가 자신의 부족함으로 느껴질 수도 있으니까요. 따라서 리더는 좀 더 적극적으로 갈등의 존재를 탐색하려고 노력해야 합니다. 당사자들이 말하지 않아도 갈등이 존재한다는 것을 알아차릴 수 있다면 갈등이 더 커지기 전에 관리할 수 있는 여지가 있기 때문입니다.

갈등을 잘 탐색하기 위해서는 일반적으로 많이 언급되는 사례들을 알고 있는 것이 도움이 되겠죠. 갈등이 발생하는 원인이나 갈등의 구조 같은 것은 어느 팀, 어느 프로젝트에서나 비슷하기 때문에, 일반적인 경우들을 미리 인지하고 있으면 상당히 많은 갈등을 사전에 감지할 수 있습니다. 이런 사례들은 본인의 경험이나 주변 사람들의 이야기를 통해 획득할 수 있겠죠. 책이나 글, 영상 등을 통해서도 많이 수집할 수 있습니다.

일반적인 사례도 사례지만 당장 우리 팀에 존재하는 생각의 차이를 찾아보는 것도 중요합니다. 그러기 위해서는 사람들과 대화를 많이 나누고 사람들의 행동을 관찰할 필요가 있겠죠. 그러면 구성원들이 각자 어떤 생각을 가지고 있는지 알 수 있고, 그 안에 어떤 갈등의 가능성이 있는지도 어느 정도 생각해 볼 수 있습니다. 한 가지 덧붙이자면, 단순히 생각이나 의견만 살펴볼 것이 아니라 그 안에 숨어 있는 감정에도 관심을 가져보면 좋을 것입니다. 때로 갈등은 생각의 충돌이 아니라 감정의 충돌로 인해 발생하기 때문이죠.

갈등을 해소하자

다음과 같은 예를 한번 생각해 봅시다.

갈등을 해소하기 위해서는 일단 갈등 당사자들을 이해하는 것이 필요합니다. 그들의 말을 경청하고 그들이 처한 상황을 잘 파악해야 합니다. 그리고 말 뒤에 숨어 있는 당사자들의 이해관계를 보려고 노력해야 합니다. 겉으로 드러난 말과 행동만 가지고서는 당사자들의 합의를 이끌어 내는 것이 어려운 때가 많기 때문입니다.

앞의 사례의 경우 두 프로그래머 모두 추가적인 작업을 할 여유가 없는 것이 문제일 수도 있고, '비정상적 행위 검증'이라는 작업을 그냥 해버렸을 경우 그 과업이 자신이 속한 팀의 책임 범위 안으로 들어오는 것이 부담되는 상황일 수도 있습니다.

갈등을 해소할 때는 이슈와 사람을 분리하는 것도 중요합니다. 사람에 문제가 있다는 식으로 발전하면 당사자가 자신을 방어하는 데 주력하기 때문에 갈등을 해소하기 어려워집니다. 행여 갈등을 해소한 것처럼 보이더라도 누군가에게는 상처로 남아 더 큰 갈등이 수면 아래에 있는 상황이 될 수 있죠. 서로 작업을 미루면서 갈등이 발생하고 있다면 그 작업의 담당자가 명확하지 않은 상황을 공략해야 하지, 작업을 미루는 태도를 공략하려고 하면 안 된다는 것입니다.

갈등은 자연스러운 현상이다

갈등이 발생하는 이유는 다양합니다. 누군가의 부정적인 태도 때문에 발생하는 경우도 있지만, 때로는 프로젝트의 성공을 향한 열망이 충돌하여 발생하기도 하죠. 그래서 갈등이 없는 조직은 오히려 성공을 향한 열망이 약한 조직이 아닌지 살펴봐야 할 수도 있습니다.

어디에나 존재할 수 있는 것이 갈등이고, 서로가 잘하려고 할 때도 발생하는 것이 갈등입니다. 따라서 갈등이 발생하면 나쁜 일이 발생했다는 생각보다는 해결해야 할 이슈가 하나 생겼다고 생각하는 것이 더 좋습니다.

프로젝트라는 것은 결국 지속적으로 발생하는 이슈를 하나하나 해결해 가는 과정이라고 볼 수 있는데, 갈등도 그런 이슈 중 하나로 생각하면 좋을 것 같습니다.

✅ 팀장 업무 셀프 점검하기

- 갈등을 예방하기 위해 어떤 활동을 하고 있나요?

  ....

  ....

  ....

- ☐ 갈등이 발생했을 때 중재자 역할을 할 사람이 있나요?

  ....

- 갈등이 발생했을 때 어떻게 대처해야 할지 미리 생각해 둔 것이 있나요?

  ....

  ....

  ....

17

팀의 생산성이 떨어질 때
무엇부터 하면 좋을까요?

오늘의 목표

☑ 생산성에 방해가 되는 요인을 점검하고 해결하기

건강 관리를 위해 운동을 하거나 무언가를 새로 배우는 경험을 해본 사람이라면 페이스를 일정하게 유지하는 것이 중요하다는 사실을 이해할 것입니다. 그리고 페이스를 유지하기 위해서는 활동을 방해하는 요소들을 관리하는 것이 필요하죠.

리더에게 무척 중요한 단어가 바로 '생산성'입니다. 동기부여가 잘되어 있고 팀워크가 잘 형성되어 있다면 생산성이 높아지죠. 그래서 생산성을 유지하는 것이 중요합니다. 생산성에 방해되는 요소가 무엇인지 확인하고 적절히 대처해야 합니다.

먼저 병목 지점을 찾아야 한다

두통은 여러 가지 원인에 의해 발생합니다. 진통제를 복용해 잠시 두통을 사라지게 할 수는 있지만, 근본적인 원인을 해결하지 않으면 두통이 다시 발생하겠죠. 팀 활동의 생산성도 마찬가지입니다. 비효율을 발생시키는 원인을 찾아 제거해야 다시 회복됩니다.

그래서 생산성을 저해하는 요소 중에서도 가장 치명적으로 악영향을 끼치는 요소를 먼저 찾아야 합니다. 그곳이 바로 생산성의 '병목 지점'이 되니까요. 그리고 이 병목 지점을 해결하는 것이 생산성을 가장 빠르게 회복시키는 방법이 됩니다. 교통 체증을 떠올려 보면 이해하기 쉬울 것 같네요. 교통 체증을 해결하기 위해서는 체증이 시작된 지점을 해결하는 것이 중요하겠죠.

병목 지점 중에는 눈에 잘 띄는 지점도 있지만, 그렇지 않은 곳도 있습니다. 사람이나 자원이 부족하여 발생하는 문제점은 눈에 잘 띄죠. 특별히 노력하지 않아도 금방 확인할 수 있습니다. 반면 협업에서 발생하는 비효율은 종종 드러나지 않을 때가 있습니다. 예를 들어 기획자가 요청하고 아티스트가 그림을 그리는 경우 커뮤니케이션이 원활하지 못하면 아티스트가 그림을 여러 번 수정하게 되고, 그로 인해 시간과 노력이 낭비될 수 있습니다.

따라서 리더는 병목 지점을 찾아내기 위해 여러 구성원들과 커뮤니케이션을 할 필요가 있습니다. 커뮤니케이션을 통해 문제점을 수집하고 프로젝트 전체의 병목 지점을 짚어내야 합니다.

몰입을 방해하는 요소를 제거해야 한다

학창 시절에 공부했던 경험을 떠올려 봅시다. 공부에 집중이 잘 될 때와 집중이 잘 되지 않았을 때의 차이가 생각나나요? 완전히 몰입해서 공부한 1시간은 몰입하지 못한 채로 진행한 3시간과 비슷하다고 합니다. 학생들은 모두 똑같은 시간을 가지고 있으므로 결국 누가 몰입을 더 잘하는가가 성적을 크게 좌우하게 되죠. 이렇듯 몰입과 효율은 그 상관관계가 매우 높습니다.

그런데 몰입 상태에 들어가는 데는 시간이 필요합니다. 어떤 책에서는 프로그래머가 작업에 집중하는 데 평균 15분 정도의 시간이 필요하다고 합니다. 따라서 집중해서 일하는 프로그래머의 어깨에 손을 올리는 순간 그 프로그래머에게서 15분을 빼앗는 것이 되죠. 이 때문에 프로그래머에게는 이메일로 커뮤니케이션할 것을 권하는 경우도 있습니다.

몰입 상태가 되는 데 소요되는 시간을 줄이는 것은 쉽지 않습니다. 몰입하는 과정이 지극히 개인적인 특성에 좌우되기 때문이죠. 하지만 몰입을 깨뜨리는 요소는 리더가 충분히 줄여줄 수 있습니다. 그렇다면 과연 어떤 요소들이 리더가 관리할 수 있는 방해 요소일까요? 크게 다음과 같은 요소들이 있습니다.

몰입을 방해하는 요소들

| 물리적인 환경 | 잦은 업무 전환 | 필요하지 않은 회의 |

먼저 물리적인 환경으로 주변 소음이 심하다거나 에어컨 바람 때문에 업무에 지장을 받는 경우도 있겠죠. 다음으로 잦은 업무 전환이 있습니다. 하루에 한 가지 업무만 진행하는 것과 몇 가지 업무를 동시에 진행하는 것은 몰입에 큰 차이가 있겠죠. 마지막으로 필요하지 않은 회의로 인해 몰입이 방해받는 경우가 있습니다. 꼭 필요한 회의는 어쩔 수 없지만, 지나치게 회의가 많아지면 작업 시간이 파편화되어 몰입을 어렵게 하기도 합니다.

몰입을 방해하는 요소를 완벽히 제거하기는 어렵죠. 하지만 조금이라도 줄일 수 있다면 그 효과는 계속 누적되어 팀의 생산성에 이롭게 작용할 것입니다.

명확하고 구체적인 소통을 해야 한다

생산성을 은근히 저해하는 요소로 소통의 불명확성이 있습니다. 모호한 기획 내용이나 여러 가지로 해석될 수 있는 리더의 지시는 사람들을 혼란에 빠뜨리죠. 그리고 자신이 해야 할 일을 추론하게 만듭니다. 그래서 기획자나 리더가 원했던 것과는 다른 결과물이 나오고, 그것을 여러 번 수정하는 과정에서 많은 시간과 에너지를 낭비하게 됩니다. 예를 들어 기획자는 '귀엽고 캐주얼한 여자 캐릭터'를 원했고, 아티스트도 '귀엽고 캐주얼한 여자 캐릭터'를 그렸지만, 그 결과물이 기획자의 생각과 많이 다른 상황이 연출된 것처럼 말이죠.

팀 내 모든 소통이 단번에 명확하고 구체적으로 이루어지기는 쉽지 않습니다. 다행인 것은 소통의 내용이 대체로 반복된다는 점이죠. 따라서 소통의 문제를 발견할 때마다 그 소통의 질을 개선하기 위한 대책을 세우면 됩니다. 그러면 팀 내에 점점 명확하고 구체적인 소통이 일반화될 것입니다.

생산성을 보호하자

이 글을 쓰고 있는 시점에 남자 마라톤의 세계 기록은 2시간 0분 35초입니다. 2023년에 켈빈 킵툼이 기록한 것이죠. 이러한 기록을 만들기 위해서는 선수 본인의 노력이 가장 중요합니다. 하지만 킵툼의 노력만으로 이 기록을 달성할 수 있었던 것은 아닙니다. 아무리 킵툼이라도 고르지 못한 땅에서는 이런 기록을 낼 수 없었을 것이고, 충격 흡수가 잘 안 되는 신발을 신고 있었다면 더 늦게 결승점에 도달했을 것입니다.

팀의 생산성도 이와 비슷합니다. 마라톤 기록을 단축시키기 위해 선수가 달리는 땅을 고르게 만들고 선수가 신는 신발을 더 좋게 만들려고 노력하는 것처럼, 구성원의 생산성을 보호하고 향상하기 위해 조직과 리더가 할 수 있는 일을 해야 합니다. 그럴 때 구성원은 최적의 속도로 목표 지점을 향해 달릴 수 있습니다. 마라톤 선수가 20km/h의 속도로 결승점을 향해 달리듯이 말이죠.

구성원에게 동기부여를
어떻게 해야 할까요?

오늘의 목표

☑ 구성원 개개인의 동기를 확인하고 그 동기를 강화할 방법 생각해 보기

사람이 어떤 일에 매진하게 하는 원인이나 계기를 '동기(motive)'라고 하고, 그런 동기를 자극하여 일에 매진하게 만드는 것을 '동기부여(motivation)'라고 합니다. 대체로 훌륭한 위인들은 자기 스스로 동기를 부여하는 데 능숙하고, 그래서 스스로 어떤 일에 매진하고 집중하는 상태를 만들어 냅니다. 하지만 안타깝게도 대부분의 사람에게는 그것이 쉬운 일이 아닙니다.

누구나 하나쯤 가지고 있는 동기 중에는 스스로의 힘으로 자극하기 어려운 동기들이 있습니다. 예를 들어 보상이 주요 동기인 사람이라면 충분한 보상을 받을 수 있는 환경이 필요한 반면, 일의 재미가 동기인 사람에게는 재미를 느낄 수 있는 업무가 필요하겠죠. 이런 요소들은 스스로 설정하기 어렵습니다. 따라서 리더의 도움이 필요하죠. 구성원의 동기가 자극될 수 있는 환경을 만들어 주고 그런 환경에 관한 믿음을 갖게 만들어 줌으로써 리더는 구성원의 동기부여를 도울 수 있습니다.

각 구성원이 가진 동기를 이해하자

예전에 사내 구성원들을 대상으로 '우리 회사에서 일을 하고 있는 이유'를 조사한 적이 있습니다. 어떤 결과가 나왔을까요? 약 40명의 인원을 대상으로 조사해 보았는데 결과가 매우 다양했습니다. 보상을 중요하게 생각하는 구성원도 있었고, 만드는 게임의 종류를 중요하게 생각하는 구성원도 있었습니다. 이렇듯 사람들이 조직 생활에서 중요하게 생각하는 요소는 다양합니다. 따라서 각자가 중요하게 생각하는 요소를 파악하여 그것으로 동기를 자극해 주는 것이 필요합니다.

도전을 좋아하는 팀원에게 반복적인 유지보수 업무를 부여하면 동기가 자극되지 않을 것입니다. 반대로 능숙하게 해오던 일을 원하는 팀원에게 낯선 일을 맡긴다면 난감해하겠죠. 그래서 리더는 구성원들이 가지고 있는 동기를 잘 이해야 합니다.

〈슬램덩크〉라는 농구 만화에는 '황태산'이라는 인물이 등장합니다. 황태산은 에이스 윤대협을 따라잡고자 열심히 노력하죠. 감독은 그런 황태산을 더욱 자극하기 위해 '질책'이라는 방법을 씁니다. 하지만 안타깝게도 황태산은 자신의 노력을 인정받을 때 동기가 강화되는 선수였습니다. 결국 감독의 강한 질책에 반발하여 황태산은 1년 동안 팀을 이탈하게 되죠. 비록 만화 속의 이야기지만 시사하는 바는 충분하다고 생각합니다.

자신감을 심어주자

새로운 도전을 원하는 구성원에게 한 번도 해본 적이 없는 인공지능 관련 업무를 맡겼다고 생각해 보죠. 그 업무는 팀에 중요한 것이고 달성했을 때 성취욕을 느낄 수 있는 것입니다. 도전을 원하는 구성원에게 알맞은 과업이죠. 하지만 구성원 스스로가 그 업무를 완수할 수 없다는 생각에 빠진다면 의욕적으로 업무에 매진하기가 어려울 것입니다. 따라서 리더는 구성원이 자신의 과업을 잘 달성할 수 있다는 자신감을 갖도록 도와줄 필요가 있습니다.

구성원의 자신감을 북돋아 줄 때는 구체적으로 말해주는 것이 더 좋습니다. 구성원의 장점을 나열하면서 그 장점을 활용하면 과업을 충분히 달성할 수 있다고 이야기해 주거나, 과거에 새로운 과업에 잘 대응했던 기억을 상기시키면서 이번에도 잘할 수 있다고 이야기해 줄 수 있겠죠.

지고 있는 농구 팀의 감독이 작전 타임 시간에 선수들에게 하는 말을 다음과 같이 비교해 볼 수 있습니다.

김 감독   정 감독   신 감독

두려움을 제거하는 방법도 자신감을 심어줄 때 도움이 됩니다. 야구에서는 신인 투수가 마운드에 처음 올라갈 때 수비를 하는 선배들이 "우리가 다 잡아줄 테니 마음껏 던져."라고 말해 줍니다. 점수를 내주면 "우리가 역전시켜 줄 테니 신경 쓰지 마."라고 이야기하죠. 자신 때문에 팀이 패배할까 봐 느끼는 두려움을 걷어내 줌으로써 자신감 있게 경기에 임할 수 있도록 하려는 것입니다.

실패를 대하는 리더의 태도는 구성원이 과업을 대하는 자세에 큰 영향을 미칩니다. 리더가 문책에 집중하기보다 실패를 통해 배우는 것에 집중한다면 구성원은 더 자신감 있게 맡은 과업에 매진할 수 있을 것입니다.

바람직한 행동에는 보상을 주자

팀이 언제나 성공할 수 있을까요? 아니겠죠. 하지만 언제나 최선을 다할 수는 있습니다. 그리고 최선을 다하는 조직에 성공은 더 자주, 더 크게 다가옵니다. 그런데 구성원들이 최선을 다하는 분위기를 유지하기 위해서는 구성원들의 바람직한 행동에 적절한 보상을 할 필요가 있습니다. 동기부여가 잘 되어 팀과 프로젝트를 위해 노력했는데도 적절한 보상이 주어지지 않는다면 구성원의 열정이 빠르게 식어버릴 수 있기 때문이죠.

여기서 얘기하는 보상은 경제적인 보상만을 의미하는 것이 아닙니다. 바람직한 보상에는 '당신이 우리 팀과 프로젝트의 성공을 위해 노력한 것을 잘 알고 있고 우리 모두 감사하고 있다.'는 메시지가 포함되어 있습니다. 따라서 구성원의 노력을 인정하는 상징적인 행위라면 어느 것이든 좋습니다. 칭찬일 수도 있고, 박수일 수도 있고, 작은 선물일 수도 있겠죠. 어떤 사람에게는 손 글씨가 적혀 있는 카드 한 장이 큰 효과를 발휘할 수도 있습니다.

주의해야 할 점은 결과가 아니라 행동에 보상을 준다는 것입니다. 아이가 100점짜리 시험지를 들고 왔을 때 다음과 같이 두 가지 칭찬 방식이 있습니다.

시험 잘 봤구나, 잘했네!	열심히 노력했구나, 잘했네!
결과를 칭찬	과정을 칭찬

결과를 칭찬받은 아이는 100점을 맞지 못하는 경험이 쌓이면 더 이상 열심히 공부하지 않게 되고, 반면 과정을 칭찬받은 아이는 100점을 맞지 못하는 경험이 쌓이더라도 계속 노력하게 된다고 합니다. 자신이 칭찬받은 것은 '노력'이니까요. 마찬가지로 직장에서도 구성원의 바람직한 '행동'에 보상을 한다면 결과와 상관없이 구성원은 그 바람직한 행동을 유지하고자 할 것입니다.

간혹 칭찬과 감사의 표시를 하는 것을 쑥스러워하는 리더들이 있습니다. 말하지 않아도 잘 알 거라고 생각하는 리더들이죠. 하지만 바람직한 행동을 인정하고 보상하는 행위는 누구나 알 수 있도록 명확하게 해야 합니다. 그래야 대상이 되는 구성원도, 그것을 바라보는 다른 동료들도 동기를 자극받을 수 있습니다. 그러니 쑥스럽더라도 용기를 내서 칭찬과 감사를 표현해 보기 바랍니다. 팀이 사기를 잃었을 때 리더가 감내해야 할 것들보다는 잠깐의 오글거림이 훨씬 나으니까요.

리더가 해야 할 일

훌륭한 사람은 스스로 동기부여를 한다며 모든 구성원들에게 그것을 요구하는 리더가 간혹 있습니다. 물론 그런 사람들도 가끔 있죠. 리더 자신이 그런 사람이었고 그 덕분에 성공한 경험이 있어 그런 얘기를 하는 것일 수도 있습니다. 하지만 그런 사람이 많지는 않습니다. 그런 사람들만으로 조직을 구성할 수도 없죠. 따라서 리더가 구성원의 동기부여에 적극적일 필요가 있습니다.

경영 컨설팅 회사의 최고 경영자였던 하이럼 스미스는 "리더가 해야 하는 일은 사람들이 일을 하도록 만드는 것입니다. 단, 그들이 해야 하는 일이라서가 아니라 스스로 원해서 하게 만들어야 합니다."라고 말했습니다. 의무감으로 일을 하는 조직은 열정으로 일을 하는 조직을 이기기 어렵죠. 하고자 하는 의욕이 팀에 넘치도록 하기 위해 리더가 해야 하는 의무를 게을리하지 말아야 합니다.

19

구성원이 업무에 집중하지 못할 때 어떻게 하나요?

 **오늘의 목표**

☑ 생산성이 떨어진 구성원이 있는지 살펴보고 원인에 따라 적절히 대처하기

구성원 관리를 아무리 잘해도 생산성이 저하되는 일은 발생할 수 있습니다. 따라서 저하된 생산성을 다시 회복시키는 것도 매우 중요하다고 할 수 있죠.

구성원의 낮아진 생산성을 회복하기 위해서는 먼저 구성원의 생산성에 영향을 미친 원인을 알아야 합니다. 그리고 각 원인에 맞는 적절한 대응을 해야 합니다.

사적 영역의 문제들

'사적 영역의 문제'라는 말은 프로젝트나 조직과 관련 없는 개인적인 문제를 얘기합니다. 가족 문제, 이성 문제, 육아 문제, 경제적 문제, 건강 문제 등이 이 범주에 해당할 것 같네요. 공과 사를 구분하는 것이 말로는 쉽지만 실제로는 굉장히 어려운 일입니다. 개인의 문제가 일에 영향을 주지 않게 '프로 의식'을 가지라고 하지만, 그렇게 할 수 있는 프로가 많지는 않을 것 같습니다.

개인의 문제를 조직이 해결해 줄 수는 없지만, 간혹 도움을 줄 수 있는 경우도 있습니다. 아이의 유치원 등하원이 문제일 때 출퇴근 시간을 조정해 줄 수 있고, 건강에 문제가 있으면 재택근무를 허용할 수 있겠죠. 모든 것은 구성원의 고민에 관심을 가져주는 것에서 시작됩니다. 관심을 가져주지 않으면 해결할 수 있는 문제도 해결하지 못하게 됩니다.

개인의 고민에 관심을 가져주는 것은 조심스러운 일입니다. 따라서 억지로 고민을 말하게 하기보다는, 개인적 고민도 들어줄 수 있고, 필요하면 도움이 될 만한 조치를 취해줄 수 있다는 메시지를 지속적으로 어필하는 것이 더 좋을 것입니다.

동료와의 불편한 관계

관계와 관련한 문제는 사람마다 받아들이는 크기가 다릅니다. 어떤 사람에게는 중요한 문제인데 다른 사람의 입장에서는 별거 아닌 것처럼 보이기도 하죠. 그러다 보니 징후가 보여도 대수롭지 않게 여기고 넘어가는 경우들이 생깁니다. 하지만 관계에 의해 발생하는 문제는 시간이 지날수록 커지는 경향이 있습니다. 따라서 리더는 팀 안에 불편한 관계가 있는지 주의 깊게 살펴보고 작은 징후도 진지하게 생각할 필요가 있습니다.

관계와 관련한 문제를 다룰 때 피해야 할 것이 하나 있습니다. '당사자가 마음을 고쳐먹으면 되는 일'로 여기는 것이죠. 불편함을 느끼는 당사자에게 문제가 있는 것이 아니라 상황에 문제가 있는 것이 대부분입니다. 따라서 불편함을 느끼는 마음을 인정해 주고 불편함을 야기하는 상황을 해소할 방법이 있는지 찾아보는 것이 좋습니다. 물론 당사자가 자신의 마음을 다스려 보겠다는 의지를 보인다면 그것을 지지하는 것도 좋은 일이죠.

일이 잘 맞지 않을 때

여러분은 스스로를 잘 알고 있나요? 사람들은 자신을 잘 안다고 생각하지만 생각보다 많은 사람들이 자신을 잘 모릅니다. 자신에게 맞는 일이 무엇인지 정확히 모르는 경우도 있죠. 특히 아직 경험이 많지 않은 구성원이라면 그럴 가능성이 더 높습니다. 일이 적성에 맞지 않아도 연차가 낮을 때는 일을 잘 해낼 수 있습니다. 직무가 단순하면 적성이 크게 중요하지 않으니까요. 하지만 연차가 쌓이고 점차 복잡한 직무를 맡게 되면 적성의 중요성이 점점 커집니다. 그리고 마침내 다른 사람들보다 더 빨리 한계에 부딪히는 상황을 맞이하게 되죠.

일이 맞지 않아서 생산성이 떨어지고 있다면 적성에 맞는 일을 찾아주는 것 외에는 별다른 방법이 없습니다. 사람의 적성을 바꿀 수는 없기 때문이죠. 물론 그 과정에서 해당 구성원이 프로젝트를 이탈하게 될 수도 있습니다. 그 때문에 업무 진행이 더뎌질 수도 있죠. 하지만 길게 보면 그 구성원이 잘할 수 있는 일을 하도록 만들어 주고 해당 직무에는 적성에 맞는 사람을 배치하는 것이 프로젝트에도 이득이 됩니다. 생산성이 떨어진 채로 오래 놔두는 것보다는 일정한 비용을 지불하더라도 생산성을 회복하는 것이 더 좋죠. 그리고 이런 과정을 반복하면 팀은 점차 각 직무에 적합한 사람으로 채워지게 됩니다.

프로젝트에 대한 의구심

13척으로 저 많은 왜군을 어떻게 이기겠어?

우리가 수는 적어도 충분히 이길 만한데?

명량 해전 직전의
조선 수군

대장선이 싸우는 걸
목격한 수군

전투에서 이길 것이라고 생각하는 병사와 질 것이라고 생각하는 병사의 전투력은 크게 차이가 납니다. 병사 개개인도 마찬가지고, 부대도 마찬가지입니다. 어차피 이기지 못할 전투에서 열심히 싸우고자 하는 병사는 많지 않겠죠.

성공 자체가 주는 만족감 때문이든, 성공에 뒤따르는 보상 때문이든, 대부분의 사람들은 자신이 소속된 프로젝트가 성공하기를 바랍니다. 그리고 프로젝트가 성공했을 때 자신이 기여한 것을 인정받고 싶어 하죠. 그래서 잘 될 것 같은 프로젝트의 구성원은 프로젝트의 성공에 더 기여하려고 노력합니다.

구성원이 프로젝트에 의구심을 가지고 있다면 그 구성원과 진지하게 대화를 나눌 필요가 있습니다. 프로젝트가 어떤 부분에서 성공 가능성이 있는지 공감시키려는 시도가 필요하죠. 물론 세상에 확실한 프로젝트는 없습니다. '아이언맨' 같은 훌륭한 소재를 활용해 만든 게임이나 장난감도 고객들에게 외면받을 수 있죠. 하지만 제품이 어떤 부분에서 강점을 가지고 있는지, 어떤 이유로 성공을 기대할 만한지는 리더가 확실히 말해줄 수 있어야 합니다. 애초에 구성원이 원하는 것도 성공이 확실히 보장된 프로젝트는 아니니까요. 구성원이 원하는 것은 성공을 '기대할 수 있는' 프로젝트입니다.

소속감이 떨어질 때

가끔은 소속감이 문제가 될 때도 있습니다. 팀 전체가 유기적으로 돌아가는데 자신만 동떨어진 것처럼 느껴지는 경우가 있죠. 특히 맡은 직무가 다른 사람들의 직무와 밀접하게 연결되어 있지 않거나, 프로젝트에 자신의 기여가 적다는 생각이 들면 소속감이 희미해질 수 있습니다

혹시 '소속감'이라는 용어가 구시대의 유물처럼 들릴지도 모르겠습

니다. 하지만 여러 사람이 모여서 하나의 목적을 이루고자 한다면 프로젝트에 참여한 모두가 함께 노력하고 있다는 인식, 나도 그 일부분으로서 충분히 기여하고 있다는 의식은 매우 중요한 요소입니다. 그리고 그런 의식의 결여는 개인의 생산성에 크게 영향을 미칠 수 있습니다.

만약 어떤 구성원이 이런 상황을 겪고 있다면 그 사람의 직무를 다른 사람과 좀 더 연결시켜 주는 것이 도움이 될 수 있습니다. 이때 꼭 일과 일이 연결되지 않아도 괜찮습니다. 단순히 피드백을 주고받는 것만으로도 연결되어 있다는 느낌을 충분히 받을 수 있거든요. 그리고 가능하다면 프로젝트에 더 기여할 수 있는 방법을 찾아주는 것도 나쁘지 않을 것입니다.

가끔은 특수한 상황도 벌어집니다. 예를 들어 원래 다른 조직에 소속되어 있는 사람이 프로젝트를 위해 팀에 파견되어 온 경우가 있을 수 있죠. 이런 경우 그 구성원에게는 '파견자'라는 딱지가 붙어 있어 위치만 팀 안에 있을 뿐, 정서적으로는 한 팀이 아닌 채로 지낼 수 있습니다.

파견되어 온 사람은 다른 구성원들과 이해관계가 다르기 때문에 생산성을 유지하는 것이 쉽지 않습니다. 이럴 때는 그 사람이 원래 소속되어 있던 조직과 계속 교류할 수 있게 해주는 것이 도움이 됩니다. 그리고 원래의 조직에 계속 있었으면 경험하기 어려웠을 새로운 경험에 초점을 맞춰 커뮤니케이션 하세요. 그러면 생산성도 향상되고, 본인도 더 많이 성장할 수 있는 기회를 얻을 수 있습니다.

숲이 아니라 자동차

나무 하나가 잘못되었다고 숲에 문제가 생기지는 않죠. 하지만 부품 하나가 잘못되면 자동차에는 큰 문제가 생길 수 있습니다. 프로젝트는 숲보다는 자동차와 더 비슷합니다. 작고 사소한 문제가 작고 사소한 영향만 미칠 수도 있지만, 때로는 프로젝트에 큰 위기를 불러올 수도 있죠.

사람에게 영향을 미치는 요인에는 여러 가지가 있습니다. 그 요인들이 프로젝트의 모든 구성원들에게 영향을 미치고 있죠. 그래서 팀을 구성하는 개개인에게 주의를 기울이는 것이 필요합니다. 그렇다고 구성원들을 세밀하게 관리하라는 것은 아닙니다. 여기서 강조하고 싶은 것은 '관리'가 아니라 '관심'이죠. 프로젝트의 성과나 시장의 동향뿐만 아니라, 프로젝트에 참여하는 구성원들의 상태에도 관심을 가진다면 프로젝트나 구성원들에게나 큰 도움이 될 것입니다.

✅ **팀장 업무 셀프 점검하기**

☐ 집중하지 못하는 구성원의 고민을 들어 보았나요?

☐ 구성원이 고민하는 지점이 관계, 일, 프로젝트, 소속감 중에서 무엇인가요?

20

팀이 성장하려면
어떤 것이 필요할까요?

◇ **오늘의 목표**

☑ 팀의 역량을 분석하고 성장을 위한 계획 세우기

라이프 사이클이라는 것이 있습니다. 무언가가 발생했을 시점부터 소멸되는 시점까지를 지칭하는 개념으로 많이 쓰이죠. 보통 그 가운데 어딘가에 정점을 나타내는 지점이 있고, 그 앞은 성장기 그 후는 쇠퇴기로 많이 표현됩니다. 그리고 정점 주변으로 전성기가 형성됩니다.

전성기가 여러 번 오는 사람이나 조직도 있지만, 사람들은 대체로 한 번의 전성기를 경험하게 되죠. 따라서 전성기를 일찍 시작하고 오래 유지하는 것이 사람에게나 조직에나 중요한 일이 됩니다. 그리고 전성기가 얼마나 빨리 시작되고 오래 유지되는가는 바로 개인과 조직이 얼마나 빨리 성장하고 또 지속적으로 성장하는가에 달려 있습니다. 그러므로 개인이든 조직이든 성장에 깊은 관심을 가지고 있어야 합니다. 그리고 성장을 위한 행동에 적극적이어야 합니다. 그것도 지속적으로 말이죠. 그러면 라이프 사이클을 구성하는 시간들 중 더 많은 부분을 좋은 시절로 만들어 낼 수 있을 것입니다.

현재 상태를 잘 알아야 한다

100미터 달리기에 참가하는 선수들은 신호가 울리면 모두 앞을 향해 달리기 시작합니다. 앞을 향해 달려 나가는 것은 모든 선수가 마찬가지죠. 하지만 메달을 획득하는 것은 다른 선수보다 더 빨리 달린 선수뿐입니다.

조직이 단순히 어제보다 나아졌다고 해서 전성기에 더 가까워진 것은 아닙니다. 경쟁 상황에서는 절대적인 위치가 아니라 상대적인 위치가 중요하죠. 경쟁자들에 비해 얼마나 앞서 있는지가 전성기를 결정합니다. 따라서 경쟁력을 갖추려면 효율적으로 성장하는 것이 중요합니다. 그러기 위해서는 조직의 강점과 약점, 시장의 상황과 경쟁 조건 등을 잘 이해하고 있어야 합니다.

프로 스포츠 구단과 콘텐츠 제작 조직(게임, 영화 등)을 비교해 보죠. 프로 스포츠의 리그는 경기 수가 많아서 한번 약점이 노출되고 그 약점이 공략되기 시작하면 경쟁에서 앞서 나가기 힘들게 됩니다. 그래서 소위 '구멍 없는 전략'을 만드는 것이 필요하죠. 한편 게임이나 영화는 경쟁자가 많습니다. 수많은 경쟁자들 속에서 고객의 선택을 받아야 하기에 경쟁자에 비해 눈에 띄는 강점을 가져야 합니다. 약점이 있더라도 확실한 강점이 있어 그 강점에 매료된 고객을 확보하는 전략을 세워야 합니다.

이처럼 강점과 약점을 다루는 방식도 상황에 따라 달라집니다. 어떤 강점과 약점이 있느냐에 따라 성장 전략도 달라지겠죠. 결국 조직이 처한 상황과 조직의 현재 상태를 이해해야 올바른 방향으로 빠르게 성장할 수 있습니다.

학습하는 습관을 만들어야 한다

성장을 위해서는 학습이 중요합니다. 물론 맡은 직무를 열심히 하는 것만으로도 어느 정도는 성장을 이루어 낼 수 있지만, 조직에서 수행하는 일은 대체로 일정한 범위 안에서 반복되는 경우가 많기에 어느 정도 성장하고 나면 맡은 일을 하는 것만으로는 더 크게 성장하기 어렵습니다. 그러므로 당장의 직무에 필요하지 않더라도 성장에 투자하는 시간이 있어야 합니다. 그것도 이왕이면 규칙적으로 꾸준히 진행하는 것이 필요하죠.

많은 사람들이 지속적인 학습의 효과를 알고 있습니다. 하루에 5분씩만 영어 단어 암기에 투자해도 1년이면 상당히 많은 영어 단어를 새로 알게 됩니다. 이처럼 아주 작은 시간이라도 오랜 기간 지속적으로 투자할 수 있다면 생각보다 많은 것을 얻어낼 수 있습니다. 따라서 조직이 지속적으로 성장하기를 바란다면 성장을 위한 학습을 습관으로 만들도록 노력해야 합니다.

업무와 연결시켜야 한다

학습이라고 하면 대체로 일과 연관된 것들을 하게 됩니다. 그런데 기껏 좋은 내용을 학습하고도 실제 업무에는 활용하지 않고 묻어버리는 경우들이 있습니다. 아마도 일에 변화를 주는 것이 불편하기 때문인 것 같습니다.

그럼에도 불구하고 조직이 하는 일이 더 나은 모습이 되기 위해서는 변화가 필요합니다. 그리고 변화는 보통 '불편함', '귀찮음', '스트레스' 같은 것을 동반하죠. 때로는 잘못된 선택으로 일을 더 어렵게 만들 수도 있습니다. 하지만 그런 것을 기꺼이 감수할 수만 있다면 새로 도입한 변화에 다시 익숙해지는 시점이 옵니다. 그리고 그런 익숙함 뒤에는 더 발전된 조직의 모습이 함께 남습니다.

따라서 무엇이든 새로운 것을 학습했다면 그것을 조직의 업무에 어떻게 적용할지 고민해 보는 태도가 필요합니다. 적용이 어려운 것도 물론 있겠지만, 적용이 가능한 것은 늦지 않게 시도해 보는 것이 좋습니다. 그런 과정을 통해 학습으로 얻은 '지식'이 조직의 '역량'으로 변환될 것입니다.

발전하지 않으면 도태된다

조직은 고정된 땅 위에 발을 딛고 있지 않습니다. 러닝머신처럼 뒤로 밀리는 컨베이어 벨트 위에 서 있죠. 컨베이어 벨트가 뒤로 밀어내는 만큼 앞으로 나아가지 않으면 지금의 자리를 유지하는 것조차 힘들어집니다. 특히 지금처럼 변화가 심하고 요구사항이 다양한 시대는 성장하지 못하는 조직을 더욱 빨리 뒤로 밀어냅니다.

따라서 당장의 할 일에만 급급해하지 말고 작은 시간이라도 꾸준히 미래를 위해 투자해야 합니다. 조직이 어떤 방향으로 성장해야 하는지 이해하고, 지속적인 학습을 추구하며, 학습 결과를 과감히 실무에 적용해 보는 것이 필요합니다. 그러면 조직의 가치를 계속 유지할 수 있을 뿐 아니라, 큰 기회가 왔을 때 그 기회를 조직의 것으로 만들 수 있습니다.

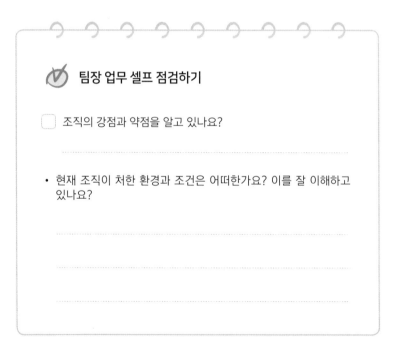

✅ 팀장 업무 셀프 점검하기

☐ 조직의 강점과 약점을 알고 있나요?

• 현재 조직이 처한 환경과 조건은 어떠한가요? 이를 잘 이해하고 있나요?

21
실패도 조직의 자산이다

◇ 오늘의 목표

☑ 실패를 조직의 역량과 성과에 도움이 되도록 만드는 방법 이해하기

백종원이 음식점을 창업하고 싶으면 잘 되는 집보다는 안 되는 집을 가보라고 말한 적이 있습니다. 잘 되는 집에 가면 '나도 이 정도는 할 수 있겠는데?' 하는 생각이 들어 덜컥 창업을 결심하게 되지만, 안 되는 집에 가면 '이 정도면 괜찮은데 왜 안 되지?' 하는 생각이 들면서 좀 더 현실적으로 생각하게 되고 더 꼼꼼하게 준비해서 창업하게 된다는 것이죠.

조직은 성공과 실패를 반복하게 됩니다. 성공과 실패를 반복하면서 새로운 것을 배울 수 있고 조직의 역량을 강화할 수 있겠죠. 하지만 실제로는 실패로부터 무언가를 배우는 것이 쉽지 않습니다. 성공담은 당사자가 널리 알리려 애쓰기 때문에 많이 공유되지만, 실패담은 숨기고 덮어버리고 싶어 해서 귀한 학습 소재임에도 묻혀버리기 십상이거든요. 따라서 실패로부터 무언가를 배우려면 좀 더 적극적인 노력이 필요합니다.

실패로부터 배우려는 행동에 보상하라

실패 속에는 다른 데서 얻을 수 없는 귀중한 통찰이 숨어 있습니다. 실패하지 않았으면 앞으로도 계속 몰랐을 통찰들도 있죠. 그런 통찰들이 당장의 실패를 되돌리지는 못하지만 앞으로 있을지도 모를 더 큰 실패를 막아줄 수 있습니다. 따라서 결과에 대한 평가와는 별개로, 실패로부터 통찰을 뽑아내는 활동 자체를 긍정적으로 바라보고 적극적으로 장려해야 합니다. 그러면 실패를 겪을 때마다 조직의 성공 가능성이 올라갑니다.

주의할 것은 실패를 겪은 사람들이 그 실패를 다시 곱씹고 싶어 하지 않는다는 점입니다. 어렸을 때부터 실패는 빨리 잊어버려야 하는 것으로 배워 왔기 때문입니다. 그래서 다른 사람 앞에서 실패담을 이야기하면 "자랑이다"라는 비아냥거림을 듣게 되기도 하죠. 따라서 실패와 직접적으로 연관된 사람들이 실패를 분석하고 그 안에서 긍정적인 무언가를 건져 올리는 일은 쉽지 않습니다.

하지만 당사자를 배제하고 실패를 분석하는 데는 한계가 있죠. 실패를 직접 경험한 사람들이 그 과정을 가장 잘 이해하고 있고, 무엇이 실패를 초래했는지, 어떤 대안들이 있었는지 잘 알기 때문입니다. 바로 이 점 때문에 보상이 필요합니다. 보상으로 동기를 만들어 주어야 하는 것이죠.

실패했는데 보상을 하는 것에 이질감을 느낄 수도 있지만, 결과에 대한 평가와 결과로부터 조직에 도움이 되는 무언가를 건져내는 행위는 별개로 평가해야 합니다. 이미 발생한 과거에 매여 있기보다는, 다음 과제를 잘 해내는 것이 조직에 더 중요하기 때문입니다.

실패를 다루는 프로세스를 정비하라

실패로부터 교훈을 얻는 것이 중요하다고 해도 막상 실패를 분석하는 것은 쉽지 않습니다. 그래서 그냥 실패를 분석하라고 하면 우왕좌왕하다가 끝날 가능성이 있죠. 따라서 실패를 분석하는 가이드라인을 정리해서 가지고 있는 것이 좋습니다.

실패를 분석하는 일도 담당자를 먼저 지정해야 합니다. 프로젝트에 PM(project manager) 역할을 하는 사람이 있다면 PM이 진행하면 되지만, PM이 따로 없다면 리더가 하거나 아니면 직책에 상관없이 적절한 인원을 선발하여 맡기면 됩니다. 이때 담당자는 커뮤니케이션에 능한 사람을 선택하는 것이 좋겠죠. 이야기의 주제가 유쾌한 것은 아니기 때문에 불편하지 않게 이야기를 이끌어 가는 기술이 필요합니다.

담당자는 히스토리를 정리해야 합니다. 실제로 어떤 일이 있었는지를 확인하는 것이죠. 이때 가급적 사실 위주로 정리하는 것이 좋습니다. 다음으로는 관련된 사람들과 대화를 나눠야 합니다. 대화를 충분히 나눴다면 히스토리와 대화 내용을 취합하여 나중에 누구라도 참고할 수 있도록 기록을 남기는 과정을 진행해야 합니다.

실패 분석 프로세스를 진행하면서 주의해야 할 점은 사람들의 자기 방어적인 태도를 염두에 두는 것입니다. 프로젝트가 실패한 상황에서 사람들이 보이는 태도나 말에는 자신을 지키려는 욕구와 감정이 반영되기 쉽습니다. 따라서 담당자는 최대한 사실 위주로 정리하려는 노력을 해야 합니다. 사람에 따라 해석이 달라지는 내용이나 사실 확인이 어려운 내용은 피해야겠죠. 만약 불분명한 내용이지만 중요해서 꼭 포함시켜야 한다면 사실이 다를 수도 있다는 것을 명기해야 합니다.

실패 사례를 모든 팀이 활용할 수 있게 하라

성공보다는 실패를 통해 많은 것을 배울 수 있다지만, 현실에서는 실패를 회고하고 교훈을 얻어내는 활동이 실패 당사자들 사이에서만 이루어지고 끝나는 경우가 많습니다. 그러다 보니 그 팀은 같은 실수를 반복하지 않지만 다른 팀은 비슷한 실수를 다시 저지르게 되고, 전체 조직으로 보면 동일한 실수와 실패를 반복하는 상황에 빠지게 됩니다. 이를 방지하기 위해서는 실패에 관한 회고 내용을 모든 팀이 활용할 수 있도록 자료로 모아두는 것이 필요합니다.

이렇게 실패 사례를 자료로 정리하여 활용하는 것은 실패를 겪은 당사자들에게도 긍정적인 영향을 미칩니다. 실패 자체는 조직에 부정적인 것이지만, 그 실패를 통해 다른 팀이나 프로젝트의 성공 가능성을 높일 수 있기 때문에 조직에 긍정적으로 기여할 수 있는 기회를 얻게 되는 것이죠. 이로 인해 실패 당사자들이 겪는 부정적인 감정을 완화시킬 수 있고, 조직으로서는 실패를 숨기지 않는 분위기를 만들어 낼 수 있게 됩니다.

조직 내부에서 발생하는 실패들을 잘 정리하여 활용하는 것이 중요하지만, 이왕이면 외부 조직에서 발생한 실패담도 정리해 두는 것이 좋을 것입니다. 게임 개발 조직을 예로 들면, 다른 게임 회사가 겪은 실패 사례나, 나아가서 IT 기업들이 겪은 실패 사례들을 수집하여 정리하는 것도 크게 도움이 될 것입니다.

실패를 묻어버리면 그냥 경험이 되지만, 잘 활용하면 역량이 된다

나는 완전히 실패를 했더라도 다음 경주에서는 훨씬 더
열심히 뛸 수 있다는 것을 입증한 사람들을 특히 좋아합니다.

잭 웰치(GE 전 회장)

대부분의 비즈니스는 치열한 경쟁 상황에 노출됩니다. 경쟁이 치열하다는 것은 경쟁에 참여한 참여자가 많다는 것이죠. 그만큼 실패를 겪을 가능성이 높습니다. 실패를 겪지 않는 성공은 있을 수 없는 일입니다. 따라서 실패를 어떻게 다루느냐가 굉장히 중요하고, 실패로부터 무언가를 얻어내는 참여자들이 성공에 더 가까이 다가갈 수 있습니다.

22

코칭은 어떻게 해야 할까요?

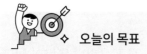

오늘의 목표

☑ '코칭'을 이해하고 구성원의 성장을 위해 필요한 사항 정리해 보기

소프트웨어를 업그레이드하면 낡은 코드를 버리고 새 코드를 설치하죠. 기계를 업그레이드하면 낡은 부품을 버리고 새 부품을 끼워넣습니다. 하지만 사람은 함부로 교체할 수 없죠. 그리고 필요할 때마다 필요한 사람을 구하는 것도 어려운 일입니다. 따라서 조직의 역량을 업그레이드하려면 조직을 구성하는 구성원의 역량을 성장시키는 것이 수반되어야 합니다.

그러나 사람을 성장시킨다는 것이 쉽지 않은 일이기 때문에, 잘 설계하고 진행하지 않으면 자원만 소모하고 효과를 거두지 못할 수도 있죠. 그래서 여기에서는 코칭과 관련한 몇 가지 사항을 정리해 보았습니다.

코칭의 종류

코칭의 종류에는 어떤 것들이 있을까요? 코칭의 주체에 따라 다음과 같이 세 가지로 나누어 생각해 볼 수 있습니다.

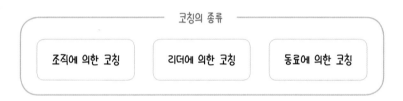

조직이 진행하는 코칭에는 조직이 직접 진행하는 코칭뿐만 아니라 강사를 초빙하거나 외부 교육 과정에 구성원을 보내는 것도 포함됩니다. 여기에는 적지 않은 비용이 수반될 때가 많죠. 하지만 다른 코칭에서는 다룰 수 없는 것들을 다룰 수 있고, 코칭의 전문성을 확보하기도 용이합니다. 조직에 필요한 내용과 코칭에 적합한 대상을 세밀하게 선택할 수 있다는 것도 장점일 것입니다.

경험과 통찰이 상대적으로 풍부한 리더는 구성원에게 좋은 코치가 될 수 있습니다. 그리고 조직이 조직의 필요를 우선으로 코칭을 진행한다면 리더는 구성원의 입장에서 코칭을 진행할 수 있다는 장점이 있죠. 구성원이 쌓아갈 커리어를 리더가 잘 알고 있는 경우가 많기 때문에 각 구성원에게 필요한 코칭을 적절한 시기에 적절한 방법으로 진행할 수 있습니다.

동료 간의 코칭은 가르치는 사람에게도 도움이 됩니다. 이미 알고 있다고 생각하는 것도 동료에게 설명하다 보면 어딘가 부족한 부분이 느껴질 때가 있죠. 그래서 다른 사람에게 설명하는 과정을 통해 오히려 자신의 지식과 통찰을 완성하게 될 때가 많습니다. 그리고 사람은 같은 처지의 사람에게 더 잘 동화됩니다. 지각하지 말자는 얘기도 회사나 리더가 할 때보다 같은 처지의 동료가 할 때 더 잘 공감하게 되죠.

코칭에 필요한 것

기본적으로 가르치는 사람, 배우는 사람, 배우는 내용이 있으면 코칭이 이루어집니다. 하지만 '효과적인' 코칭을 위해서는 몇 가지 필요한 것들이 있습니다.

먼저 정확한 목표가 있어야 합니다. 비즈니스의 세계에는 '기회비용'이라는 것이 있습니다. 어제의 나보다 성장하는 것도 좋지만, 성장의 속도가 느리고 효용이 크지 않다면 상대적인 경쟁 환경에서는 오히려 뒤처지는 결과가 될 수 있습니다. 따라서 정확히 어떤 과정을 통해 어떤 상태에 도달하겠다는 계획과 목표가 있어야 합니다.

다음으로 구성원의 성장에 시간을 투자할 의지가 있어야 합니다. 대부분의 조직은 구성원의 성장에 비용은 잘 쓰는 것 같지만, 시간의 경우에는 무척 아까워한다는 느낌이 들 때가 있습니다. 실질적인 성장은 반복된 훈련을 통해 이루어집니다. 그리고 훈련에는 시간이 필요합니다. 마치 장시간의 운동을 통해 근육을 조금씩 키워가야 하는 것처럼 말이죠.

마지막으로 상호작용이 필요합니다. 좋은 강연자는 청중과 교감을 형성하려고 노력합니다. 교감이 형성되지 않은 상태에서 한 시간을 강연하는 것보다 교감이 형성된 상태에서 10분간 이야기를 나누는 게 더 큰 효과를 발휘할 수 있기 때문입니다. 따라서 내용을 전달하는 데만 신경 쓰지 말고, 내용을 소재로 상대방과 커뮤니케이션을 한다고 생각하는 것이 좋습니다. 그러면 더 좋은 코칭이 될 것입니다.

권한과 책임의 부여

공부를 해본 사람들은 자신이 학습한 것을 활용할 곳이 있을 때와 없을 때의 차이를 알 것입니다. 프로그래밍만 해도 새로 학습한 기술을 실무에 적용해 봤을 때와 그냥 책에 있는 과제만 해보고 넘어갔을 때의 차이가 크죠. 전자의 경우에는 비슷한 상황에 맞닥뜨렸을 때 새로 습득한 기술을 쉽게 활용할 수 있지만, 후자의 경우에는 교육 자료를 다시 한참 들춰보아야 할 가능성이 높습니다.

코칭이 이루어졌으면 그것을 실무에서 활용할 수 있게 해주어야 합니다. 실제 상황에서의 경험까지 쌓아야 완전한 코칭, 그리고 성장이 이루어집니다.

대상자가 실패를 경험할 가능성도 충분히 있죠. 그래서 부여할 권한과 책임의 영역을 세심하게 결정해야 합니다. 가급적이면 실패를 해도 조직과 본인에게 큰 타격이 가지 않는 범위 안에서 부여하면 좋은

데요. 이것은 그때그때 리더가 역량을 발휘해야 하는 부분이므로 한마디로 딱 잘라 말하기는 어려운 것 같습니다.

다만 대상자를 보호하기 위해 권한만 주는 것은 그다지 추천하지 않습니다. 무엇이든 권한과 책임을 같이 가지고 있어야 제대로 된 경험을 할 수 있다고 보기 때문입니다. 대상자로서도 권한뿐만 아니라 책임도 같이 위임받는다는 생각으로 접근해야 더 빠른 성장을 이루어 낼 수 있습니다.

목적은 코칭이 아니라 성장이다

훌륭한 교육자는 가르치는 사람이 아니라 성장과 변화를 이끌어 내는 사람입니다. 교육은 교육자의 만족이 아니라 대상자의 성장을 위해 진행해야 합니다.

조직이 이러저러한 교육 제도를 갖추고 있다고 해서 교육을 잘하고 있다고 볼 수는 없습니다. 교육에 많은 투자를 한다고 해서 교육이 잘 이루어지고 있다고 판단할 수 있는 것도 아닙니다. 교육이 잘 이루어지고 있는지는 구성원들이 얼마나 빠르게 성장하고 있는지 여부를 통해 확인해야 합니다. 여러 가지를 가르쳤어도 구성원들 사이에 변화가 일어나지 않았다면, 단 한 가지 변화를 일으킨 조직보다 교육과 코칭 면에서 뒤떨어진 것입니다. 무엇을 하느냐 이전에 왜 하느냐를 잊지 말아야 하는 것이 바로 코칭입니다.

23

간과하지 말아야 할
팀원의 평가 기준들

✦ 오늘의 목표

☑ 팀에 기여하는 여러 가지 가치 이해하고 인정하기

여러분은 조직에서 다른 사람을 평가할 때 어떤 것을 보나요? 아마 눈에 보이는 성과를 기반으로 평가하는 것이 일반적일 것입니다. 프로그래머는 코드로, 기획자는 기획 내용으로, 아티스트는 작업물로 평가받는 것이 당연하겠죠. 하지만 팀과 프로젝트에 기여하는 방법이 꼭 이런 것에만 있는 것은 아닙니다.

톰 드마르코와 티모시 리스터가 함께 쓴 《피플웨어》에는 어떤 직원에 관한 평가를 의뢰받았던 이야기가 나옵니다. 해당 직원의 상사는 그 직원이 조직에 별로 기여하지 못한다고 생각하고 있었죠. 그런데 저자가 그 직원을 조사해 보니 그 직원이 12년간 참여했던 프로젝트는 모두 큰 성공을 거두었습니다. 그래서 더 자세히 알아봤고, 결국 그 직원이 프로젝트에 기여하는 무형의 가치를 확인하게 되었다는 이야기입니다.

그렇다면 팀과 프로젝트에 기여하는 무형의 가치에는 어떤 것이 있을까요?

긍정적인 에너지

게임 하나를 만드는 데 보통 2년 정도는 생각해야 합니다. 그런데 한 프로젝트를 2년 정도 지속하다 보면 분위기가 계속 좋을 수가 없죠. 긴 시간 때문에 지치기도 하고, 중간중간 부딪히는 어려움 때문에 사기가 떨어지기도 합니다. 그럴 때 팀에 긍정적인 에너지를 준다면 큰 도움이 되죠. 구성원들은 긴 시간 동안 의욕을 유지할 수 있고, 고난을 극복하려는 행동에도 적극적이 됩니다.

리더는 팀의 분위기에 큰 영향을 미치므로 리더가 긍정적인 에너지를 가지는 것은 무척 중요합니다. 하지만 리더가 모든 곳에 존재할 수는 없죠. 그래서 구성원들 중에서도 긍정적인 에너지를 가진 사람이 있다면 큰 도움이 됩니다. 리더의 영향력이 미치지 않는 곳에서도 긍정적인 에너지가 전파되니까요.

조율과 화합

사람은 복잡하고 다양합니다. 기호도 다르고, 성향도 다르고, 가지고 있는 비전도 다 다르죠. 게다가 무척 감정적이기까지 합니다. 그래서 사람과 사람이 모인 곳에서는 필연적으로 갈등이 발생합니다. 특히 일정이 긴 프로젝트를 진행할 때는 이런 갈등의 크기가 더 커질 수 있죠.

팀에 조율과 화합에 능한 사람이 있으면 이런 갈등을 관리하는 데 큰 도움이 됩니다. 갈등으로 인해 조직이 위기에 빠지지 않으려면 구성원들 간에 소통이 잘 이루어지도록 하는 것과 일단 갈등이 발생했을 때 빨리 대응하는 것이 필요합니다. 그런데 조율과 화합에 능한 사람은 이 두 가지 측면에서 모두 능숙한 모습을 보여줍니다. 그래서 갈등은 다른 조직과 똑같이 있지만 그것이 조직의 위기로 이어지지 않도록 하는 데 큰 공헌을 하게 되죠.

솔직한 의견

리더에게 매우 소중한 사람 중 하나가 바로 솔직하게 이야기해 주는 사람입니다. 여기서 솔직한 이야기라는 것은 불편한 이야기도 솔직하게 이야기하는 것을 말하죠.

리더가 주관하는 주간 보고 회의를 예로 들어 봅시다. 어떤 사람은 '매주 보고를 할 필요가 있을까?' 하는 생각을 할 수도 있습니다. 격주로 하는 것이 좋다고 생각하는 사람도 있을 수 있고, 월간 보고로 바꾸는 것이 좋다고 생각하는 사람도 있을 수 있죠. 하지만 대부분의 사람은 그 생각을 말로 꺼내지 않습니다. 리더가 하고자 하는 것에 의문을 제시하는 것 자체가 부담스럽기 때문이죠. 그래서 아무도 말을 하지 않게 되고, 리더는 리더대로 구성원들이 매주 하는 회의에 불만이 없다고 생각하게 됩니다.

이럴 때 어떤 구성원이 리더에게 다가가 "주간 회의를 월간 회의로 바꾸는 것이 어떨까요?"라고 부드럽게 말해준다면 리더는 자신과 생각이 다른 사람이 있다는 것을 알게 됩니다. 그리고 자신이 특별히 주의를 기울이지 않았던 부분을 고찰할 수 있게 되죠. 이로 인해 리더의 시야가 넓어지고, 때로는 실수를 미연에 방지하는 기회를 얻게 되기도 합니다.

총대를 메는 것

새로운 프로그램을 만드는 것은 재미있습니다. 요구사항에 맞는 프로그램을 만들고 배포하는 일은 비교적 성과도 분명하죠. 반면 오래된 코드를 다시 정리하는 것은 재미없습니다. 그리고 어렵죠. 그런데 그것이 실제 서비스와 연결되어 있는 것이라면, 잘못 건드려서 큰 문제가 되지 않아야 하기 때문에 상당한 스트레스까지 유발합니다. 게다가 프로그램의 겉모습이 변하지 않기 때문에 성과도 두드러지지 않습니다.

하지만 그것은 분명 누군가 해야 하는 일입니다. 팀과 프로젝트를 위해 난잡하게 짜인 코드는 깔끔하게 정리가 되어야 하죠. 그것이 길게 봤을 때는 팀과 프로젝트에 분명한 혜택을 가져다 줍니다. 따라서 조직이 이런 일을 맡아서 하는 사람의 가치를 인정해야 합니다.

코드 재정리만 그런 것이 아니죠. 문서 작업도 그렇고, 때로는 간식 주문이나 물품 수령 같은 일도 여기에 해당합니다. 누군가 해야 하는 잡일을 도맡아 해서 나머지 사람이 자기 작업에 집중할 수 있게 했다면, 그것은 생각보다 조직에 큰 도움이 될 수 있습니다.

엉뚱한 생각

게임을 예로 들어 볼까요? 게임을 만들 때는 '아이디어'가 정말 중요합니다. 매일 수많은 게임이 시장에 새로 출시되고 있기 때문에 기존 게임을 그대로 복제한 것으로는 성공하기가 쉽지 않습니다. 기존 게임과 비슷한 게임을 만들더라도 우리 게임을 선택해야 할 이유가 한 가지는 있어야 하죠. 그런데 그런 아이디어를 발굴하는 것이 생각보다 어렵습니다.

이럴 때 '엉뚱한 생각'을 던지는 사람이 있으면 도움이 됩니다. 생각은 다른 생각을 유도하기 때문에 엉뚱한 의견은 틀을 벗어나지 못하고 있던 사람들을 틀 밖으로 꺼내주는 효과가 있습니다. 그래서 더 다양한 의견이 도출되고, 그러다가 쓸 만한 아이디어를 건지게 되죠.

무형의 가치를 활용해 격차를 만들어 내자

로봇에게 일을 시킨다면 여기서 얘기한 것들은 대체로 필요가 없겠죠. 하지만 사람이 일을 할 때는 다릅니다. 사람에게는 감정과 정서가 있고, 관계가 중요하며, 비합리적인 행동을 하기도 합니다. 따라서 사람으로 구성된 조직이 최상의 성과를 얻으려면 단순히 과업을 계획대로 수행하는 것 이상이 필요합니다.

리더로서 이러한 것들을 챙기는 것이 번거롭다고 생각할 수도 있습니다. 하지만 치열한 경쟁 속에서는 눈에 잘 띄지 않는 것이 성패를 좌우할 수 있다는 것을 명심해야 합니다. 누구나 생각하고 있는 것은 누구나 잘하고 있는 것이기도 합니다. 남들이 생각하지 못하는 것까지도 생각하고 관리할 때 팀과 프로젝트는 확실한 격차를 만들어 낼 수 있습니다.

✅ 팀장 업무 셀프 점검하기

☐ 팀에 기여하는 구성원들의 가치를 알고 있나요?

☐ 구성원들에게 감사를 표한 적이 있나요?

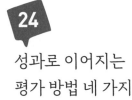

24
성과로 이어지는
평가 방법 네 가지

오늘의 목표

☑ 좋은 평가를 위한 평가 계획 세워 보기

평가 시스템은 회사마다 조금씩 다르죠. 심지어 한 회사의 평가 시스템도 시간이 지남에 따라 계속 달라집니다. 이는 사람을 평가하는 것이 무척 어렵기 때문입니다. 생각해 보면 세상에서 사람만큼 정의하기 어렵고 예측하기 어려운 대상도 없는 것 같네요. 그런데 평가의 형식은 바뀌더라도 변하지 않는 본질적인 요소들이 있습니다. 그런 요소를 잘 이해하고 있으면 평가 시스템이 달라지더라도 공정하고 의미 있는 평가를 지속할 수 있겠죠.

어떻게 해야 좋은 평가를 받을 수 있는지 알 수 있어야 한다

모든 구성원들은 좋은 평가를 받고 싶어 합니다. 그중에는 단순히 생각만 하는 사람도 있지만, 좋은 평가를 받기 위해 실질적인 노력을 하는 사람도 있죠. 이들에게 가장 먼저 필요한 것은 '어떻게 해야 좋은 평가를 받을 수 있는지 아는 것'입니다. 평가 시스템이 바로 이 것을 인재들에게 알려줄 수 있어야 하죠.

좋은 평가를 받을 수 있는 방법을 알려주기 위해서는 **평가 기준이 명확하고 이해하기 쉬워야** 합니다. 보는 사람에 따라 해석이 천차만 별로 달라지게 만들어서는 안 되겠죠. 따라서 평가 기준에 관해 충분히 이야기를 나눌 필요가 있습니다.

또한 연초에 공유한 평가 기준을 연말까지 유지해야 합니다. 새로운 평가 기준을 도입할 때 간혹 문제가 생기는 부분이죠. 연초에는 새로운 기준으로 평가하겠다고 했는데 막상 연말에 가서는 과거와 동일한 기준으로 회귀해 버린다면, 평가를 받는 사람들은 어떻게 해야 좋은 평가를 받을 수 있는지 갈피를 못 잡게 되고 리더에 대한 신뢰를 상실하게 됩니다.

현재 상태를 자주 확인시켜 주어야 한다

잦은 평가와 피드백의 중요성은 많은 사람들이 공감하고 있고 많은 조직이 이것을 실행에 옮기고 있습니다. 하지만 여전히 평가를 1년에 한 번 수행하는 조직도 적지 않습니다. 평가를 1년에 한 번 수행할 때의 문제점은 평가자와 피평가자의 평가가 크게 엇갈릴 수 있다는 점입니다. 평가자는 보통의 성과라고 생각하는데, 피평가자는 최고의 평가를 받을 만큼 잘했다고 여기는 상황이 벌어질 수 있죠. 그나마 진행된 업무 내용의 히스토리가 잘 정리되어 있으면 다행인데, 그마저도 충분하지 않으면 평가자와 피평가자의 인식 차이를 줄이는 것은 매우 어려운 일이 됩니다.

또 한 가지 문제는 직장에 흔히 떠돌고 있는 이야기를 생각하면 알 수 있습니다. '상반기에는 잘할 필요 없고 하반기에만 달리면 된다.'는 인식이죠. 직장에서 진행된 모든 것을 기록하기는 어렵습니다. 어떤 업무를 진행했는지는 기록으로 남기더라도, 그 과정에서 발생한 기여를 모두 기록으로 남기는 것은 쉽지 않죠. 따라서 자연스럽게 기억에 의존하는 부분이 발생하게 됩니다. 그런데 사람의 기억은 최근의 경험에 편향되는 경향이 있죠. 연말에 이루어지는 연기대상에서 최근에 시청자들에게 노출된 후보가 유리하다는 것이 공공연한 사실로 받아들여지는 것 같아요.

이런 현상을 방지하려면 구성원의 현재 상태(현재까지의 평가)를 자주 확인하고 공유해야 합니다. 반기나 분기마다 이런 과정을 진행한다면 문제를 어느 정도 예방할 수 있겠죠. 물론 그러자면 평가자와 피평가자 모두 시간을 좀 더 써야겠죠. 하지만 정확한 평가는 실무만큼이나 중요한 일입니다.

정확한 평가를 위해 노력해야 한다

정확한 평가는 모든 조직이 중요하게 생각합니다. 그래서 여기서는 특별히 주의를 기울였으면 하는 것 두 가지만 이야기하고자 합니다.

먼저 성과가 확실하지 않은 작업을 정당하게 평가하려는 노력이 필요합니다. 예를 들어 새로운 서비스를 개발하는 작업은 성과가 확실하게 드러나지만, 기존 서비스의 프로그램 코드를 깔끔하게 정리하는 작업은 성과가 잘 드러나지 않습니다. 서비스에 변화가 없으니까요. 새로운 시장을 개척하는 것처럼 목표 자체의 난도가 높아 성과를 내기 어려운 경우도 있습니다. 이런 작업들은 많은 사람들에게 기피 대상이 됩니다. 하지만 이런 작업들은 조직에 꼭 필요한 것들입니다.

따라서 바로 눈에 보이지 않는 작업들의 성과도 세밀하게 평가하려는 노력이 필요합니다. 그래야 구성원들도 이러한 작업을 중요하게 생각할 것입니다.

두 번째로는 부당하게 좋은 평가를 받으려는 시도를 감지할 수 있어야 합니다. 경기장에는 늘 반칙 플레이가 존재하는 법이죠. 회사에서도 이런 시도가 존재합니다. 평가자와 친분을 쌓아서 좋은 평가를 얻어내려는 경우, 다른 사람의 성과를 깎아내려서 자신의 비중을 높이려는 경우, 업무 성과를 과대 포장하거나 아예 속이려 하는 경우 등 여러 가지 반칙들이 발생합니다.

이런 시도는 결국 평가를 하는 사람이 잘 가려내는 수밖에 없습니다. 평가자와 사적인 친분 관계를 형성하려고 노력하는 사람, 다른 사람을 안 좋게 이야기하는 사람들은 좀 더 주의 깊게 평가해야 합니다.

회사가 중요하게 생각하는 가치와 연결되어 있어야 한다

대부분의 회사에는 그럴듯한 비전과 그럴듯한 인재상이 있습니다. 그런데 평가 시스템이 회사의 인재상과 따로 노는 경우가 있죠. 예를 들어 회사는 타협하지 않는 치열한 논쟁을 장려하는데, 막상 리더는 반대 의견을 개진하는 행위를 긍정적으로 평가하지 않는 경우가 있습니다. 이러면 구성원에게는 회사가 중요하게 생각하는 가치와 인재상이 공허한 구호로 남게 됩니다.

조직에 있어 평가 시스템은 구성원을 움직이는 동력입니다. 아무리 훌륭한 인재상을 정의하고 그에 맞게 행동할 것을 독려한다고 해도 그것은 일단 말에 불과합니다. 구성원은 기본적으로 좋은 평가를 받을 수 있는 방향으로 움직이죠. 따라서 구성원에게 요구되는 행동과 태도가 있다면 그것을 평가에 반영하여 실질적인 행동과 태도를 유도하려는 노력이 필요합니다.

리더 자신의 행동이 회사의 가치와 연결되어 있을 때 구성원을 대상으로 하는 평가도 자연스럽게 회사의 가치와 연결되기 쉽습니다. 또한 리더의 행동 자체가 구성원에게 하나의 기준이 되기 때문에, 리더가 회사의 가치에 부합하는 모습을 보이면 구성원도 그런 리더의 모습을 따라가게 됩니다.

많은 리더들이 평가를 힘들어합니다. 평가 과정에서 감정과 감정이 부딪히는 일이 많기 때문이죠. 그래서 공정한 평가보다는 적당히 잘 넘어가는 평가를 선호하는 경우도 생깁니다. 하지만 그런 평가가 반복되다 보면 유능한 인재가 조직을 떠나게 됩니다. 유능한 인재일수록 자신의 가치를 제대로 인정해 주는 곳에서 일하고 싶어 하니까요.

사람을 정확히 평가한다는 것은 무척 어려운 일인 것 같습니다. 하지만 정답에 조금이라도 더 가까이 다가가려고 노력해야 합니다. 실적이 회사에 중요한 것인 만큼 평가는 구성원에게 절대적으로 중요합니다. 그래서 좋은 평가를 위한 노력 없이는 좋은 조직을 유지할 수 없습니다.

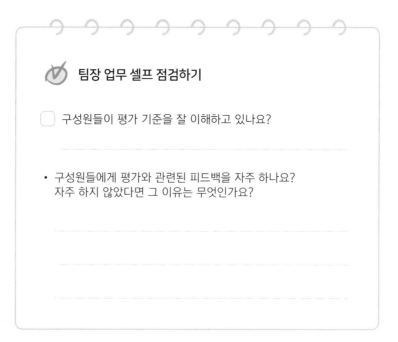

팀장 업무 셀프 점검하기

☐ 구성원들이 평가 기준을 잘 이해하고 있나요?

• 구성원들에게 평가와 관련된 피드백을 자주 하나요?
  자주 하지 않았다면 그 이유는 무엇인가요?

구성원을 평가하는 태도

직장에서 다른 사람을 힘들게 하는 유형에도 여러 가지가 있는데요. 그중 하나가 바로 완벽주의자입니다. 완벽을 추구하는 것이 나쁜 것은 아니지만, 문제는 부족함을 대하는 태도에서 나옵니다. 완벽에 너무 집착한 나머지 부족함을 용납하지 못하는 정도가 되면 주변 사람들이 힘들어지는 것이죠.

90점짜리 시험지를 들고 온 아이 앞에서, 맞춘 문제에 집중하면 아이는 다음번에도 좋은 점수를 받고 싶어 합니다. 반면 틀린 문제에 집중하면 아이의 의욕이 저하될 수 있죠. 이것은 직장에서도 마찬가지입니다. 구성원이 더 잘하고 싶은 마음을 갖게 하려면 성취를 중심으로 이야기하는 것이 좋습니다.

물론 부족한 부분을 이야기하고 보완하는 것도 꼭 필요한 일이죠. 부족함을 알지 못하면 성장이 더뎌지는 것도 사실입니다. 하지만 작은 실수나 실패도 용납하지 않고 그것 때문에 압박을 받는 환경이 되면 구성원은 자신을 발전시키는 것보다는 자신을 방어하는 것에 몰두하게 됩니다. 그리고 그 환경을 피하고 싶어지게 됩니다.

일의 결과를 완벽하게 만들려고 노력하는 것은 좋은 일입니다. 하지만 그러기 위해서는 구성원이 계속 도전할 마음을 갖게 하는 것이 중요하겠죠. 당장 눈앞의 점수를 100점으로 만드는 것보다, 팀이 더 높은 곳을 향해 지속적으로 나아갈 수 있게 하는 것이 중요합니다. 그것이 길게 봤을 때 완벽에 더 빨리 다가가고 더 오래 지속하는 방법입니다.

AI에 관한 정보 따라잡기

이 책을 읽는 독자들은 다양한 분야에서 일을 하고 있을 텐데요. 어떤 일을 하더라도 AI를 어느 정도는 알고 있어야 할 것입니다. 특히 팀을 이끄는 리더라면 세상을 바꾸고 있는 기술에 관심을 가지고 있어야겠죠. 그런데 AI 분야는 발전의 속도가 빨라서 한번 학습한 것으로 충분하지 않습니다. 최신 정보를 계속 따라가야 하죠. 그래서 여기에서는 AI와 관련된 정보를 확보하는 데 도움이 되는 내용들을 조금 다뤄 봤습니다.

세미나

• AI SUMMIT(aisummit.co.kr)은 매년 서울에서 2일간 열리는 세미나입니다. AI와 관련한 발표는 크게 기술적인 내용을 위주로 하는 것과 응용을 위주로 하는 것으로 나뉘는데요. AI SUMMIT은 여러 산업에 AI가 어떻게 적용되고 있는지를 보는 데 좋은 세미나입니다. 유료 세미나라서 개인적으로 참여하는 것은 부담스러운 편이지만 그만큼 쾌적하고 품질이 보장된 세미나입니다.

• 네이버 데뷰(deview.kr)는 매년 네이버에서 주최하는 세미나입니다. AI만을 위한 세미나는 아니지만, 최근에는 AI와 관련된 세션이 많이 포함되어 있죠. 기술적인 내용과 응용에 관한 내용이 적당히 섞여 있습니다. 네이버 데뷰는 무료 세미나이며, 참관하고자 하는 사람이 많아 거의 1분이면 신청이 마감됩니다. 나중에 동영상

을 공개하기 때문에 관심이 가는 동영상을 찾아서 보면 많은 도움이 됩니다. 네이버 데뷰에는 아무래도 네이버와 관련된 내용이 많습니다. 네이버가 우리나라에서는 선도적인 역할을 하고 있으니, 네이버의 정보를 따라잡는 것도 의미가 있을 것 같습니다.

- AI EXPO KOREA(aiexpo.co.kr)는 매년 서울 코엑스에서 열리는 전시회입니다. EXPO이다 보니 AI가 어떻게 응용되고 있는지 직접 보고 체험할 수 있다는 것이 큰 장점이죠. 사전 등록을 하면 무료로 참관 가능하고, 코엑스에서 열리기 때문에 수도권에서는 접근성도 좋은 편입니다. 기업뿐만 아니라 학교에서도 참가하기 때문에 참신한 아이디어를 발견할 수 있습니다.

뉴스

- AI타임스(aitimes.com)는 2017년에 창간된 대한민국의 인공지능 전문 언론입니다. 국내외 소식을 모두 접할 수 있으며, 특히 국내 소식은 비교적 사소한 내용까지 폭넓게 담고 있습니다. 최신 소식을 빠르게 업데이트하기 때문에, 매일 제목만 한 번씩 훑어봐도 많은 정보를 얻을 수 있습니다.

- MIT 테크놀로지 리뷰(technologyreview.kr)는 미국의 오래된 기술 매거진입니다. 2021년부터 한국판이 시작되었죠. 인공지능만 다루는 것은 아니지만 인공지능에 관련된 소식이 많이 담겨 있습니다. 기사의 품질은 상당히 괜찮은 편이지만 매거진이다 보니 구독료가 존재합니다. 구독료를 내지 않은 상태에서는 2개까지 미리 보기가 가능합니다.

AI 서비스 제공자들

쇼핑몰이나 게임을 서비스하면서 AI를 적용하고 있는 회사도 있지만, 그런 회사들이 사용할 수 있는 AI를 제공하는 회사도 있죠. 그런 회사들이 어떤 서비스를 제공하고 있는지 둘러보는 것도 의미가 있습니다. 기업들을 대상으로 어떤 AI 기능을 판매하고 있다는 것은 그 AI 기능이 경제적으로 가치 있다는 뜻이 되니까요. 그리고 혹시 내가 일하고 있는 조직에 도움이 될 만한 기능이 있을 수도 있겠죠.

- 국내 기업 중에서는 '네이버'를 생각할 수 있습니다. 네이버는 우리나라에서 일찍부터 AI에 투자한 기업 중 하나죠. 특히 대규모 언어 모델에 있어서는 LG와 더불어 대한민국을 대표한다고 할 수 있습니다. 네이버 언어 모델의 이름은 HyperCLOVA(clova.ai/hyperclova)입니다. 최근에는 업그레이드 버전인 HyperCLOVA X도 선보이고 있고요. 네이버는 API를 제공해서 HyperCLOVA X의 강력한 기능을 파트너들이 사용할 수 있게 해주고 있습니다.

- 외국 기업 중에서는 크게 구글, 아마존, 마이크로소프트 세 군데를 생각할 수 있습니다. 이 세 회사의 공통점은 클라우드 서비스를 제공하고 있다는 것인데요. AI와 관련된 서비스도 주로 클라우드와 연계하여 제공하고 있습니다. 비교적 일찍부터 B2B용 AI 서비스를 개발해 왔고 UX에 대한 경험도 풍부하기 때문에, 같은 종류의 기능을 각각 어떻게 제공하고 있는지 비교해 보는 것도 좋습니다.

- **구글:** https://cloud.google.com/solutions/ai?hl=ko
- **아마존:** https://aws.amazon.com/ko/machine-learning/ai-services/
- **마이크로소프트:** https://azure.microsoft.com/ko-kr/solutions/ai

프로젝트를 성공시키는
팀장의 역량

목적을 달성하기 위해서는
계획, 실행, 평가 등으로 이루어진
실질적인 활동들이 필요합니다.
이러한 활동들이 모여서
바로 '프로젝트'가 완성됩니다.

25

어떻게 하면 일정을 정확하게
예측할 수 있을까요?

 ◇ **오늘의 목표**

☑ 예상 일정을 더 정밀하게 계산해 보기

어떤 사람은 가급적 빠르게 제품을 완성시키고 싶어 합니다. 일정은 곧 비용이라는 인식이 있기 때문에 비용을 줄이기 위해서 일정을 단축시키고 싶어 하죠. 반면 어떤 사람은 일정을 여유 있게 잡고 싶어 합니다. 이 사람에게 일정은 제품의 완성도를 높이기 위해 투자하는 자원이기 때문에 더 높은 품질을 위해 일정을 더 많이 확보하고 싶어 합니다. 이처럼 일정에는 여러 조직과 사람의 이해관계가 얽혀 있기 때문에 일정을 두고 의견 차이가 많이 생깁니다.

이런 다양한 시각을 조율하기 위해서는 일정에 객관적으로 접근하려는 노력이 필요합니다. 객관적인 접근이라는 것은 결국 사전에 예상한 일정과 실제로 소요되는 일정 사이의 격차를 최소화하려는 노력이라고 할 수 있겠습니다. 예측의 정확도를 높이면 의견 차이를 좁히는 데 도움이 되는 것은 물론이고, 프로젝트 진행 중에 우선순위를 조정하거나 예상치 못한 상황에 대응할 때도 큰 힘이 됩니다.

작은 단위로 나눠서 생각하자

일정을 예측한다는 것은 어떤 면에서 미래를 점치는 것과 비슷합니다. 그런 만큼 처음부터 정확히 예측하는 것은 사실상 불가능하죠. 따라서 일정을 예측할 땐 정확히 맞춘다기보다 오차를 줄인다는 개념으로 접근하는 것이 좋습니다. 그리고 오차를 줄이고자 할 때는 작은 단위로 나누어 생각하는 것이 도움이 됩니다.

가능하다면 하루나 반일 분량의 작업으로 일을 나누어 놓고 일정을 계산하는 것이 좋습니다. 최대한 세분화할 수 있는 데까지 나누어 놓고 각각의 일정을 고려해 보면 좀 더 실제에 가까운 일정을 산출할 수 있습니다.

작은 단위로 일정을 세분화하면 일정과 관련된 현재의 상황을 비교적 정확히 파악할 수 있는 이점이 있습니다. 10일짜리 작업 하나로 되어 있을 때보다 1일짜리 작업 10개로 되어 있을 때가 현재 어느 정도까지 작업이 진행되었는지, 앞으로 며칠이 추가로 소요될지 더 정확히 계산할 수 있겠죠. 사전에 예상한 일정과 실제 소요되고 있는 일정 사이의 차이를 더 세밀하게 파악할 수 있기 때문에 어느 부분에서 일정 예측에 오류가 있었는지도 더 잘 알 수 있습니다.

대분류	소분류	예상 일정(일)	실제 소요일(일)	상태
친구 시스템	일정 산출표 예시	1.5	2	완료
	친구 목록 표시	1	1	완료
	친구 추가/삭제	1	1.5	완료
	접속 상태 표시	0.5		진행 중
	메시지 기능	0.5		대기

일정 산출표 예시

뻔히 예상되는 업무 공백을 계산에 포함시키자

프로젝트 진행에 총 150일 정도 소요되니까,

약 30주 후에 프로젝트가 완료될 예정입니다.

프로젝트 일정을 잡다 보면 주말을 제외한 모든 날을 일하는 날로 계산하는 경우가 있습니다. 단순하게 계산하다 보면 그런 실수를 할 수 있는데, 작업자들에게는 하루하루가 소중한 시간이기 때문에 좀 더 세심하게 일정을 짤 필요가 있습니다.

일단 주말이 아니면서 쉬는 날은 일정에서 제외시켜야겠죠. 이런 휴일은 눈에 잘 띄고 쉽게 알 수 있기 때문에 많이 고려되고 있을 것입니다. 다음으로 작업자들의 휴가를 생각해야 합니다. 매년 사용할 수 있는 휴가가 평균 20일 정도 되고 프로젝트의 전체 일정이 6개월 정도 된다면, 프로젝트에 참여하는 모든 사람들이 그 기간에 10일정도는 휴가를 사용한다고 계산해야 합니다. 작업자들의 휴가를 고려하지 않고 일정을 짜는 경우가 꽤 있는데, 26주 정도의 프로젝트에서 2주는 상당히 큰 오차가 됩니다.

다음으로 회사에서 진행하는 각종 행사를 생각해야 합니다. 매년 열리는 체육대회나 창립기념일 같은 행사가 있을 수 있죠. 이런 행사는 휴가만큼은 아니더라도 프로젝트 일정에 분명한 영향을 미칩니다. 가끔은 일회성으로 발생하는 이슈들도 있죠. 코로나가 유행하던 시기의 '백신 휴가' 같은 것을 예로 들 수 있습니다. 일정을 정리하는 사람은 이렇게 '뻔히 예상되는 업무 공백'을 잘 고려해야 합니다.

예비 일정을 반드시 준비하자

많은 프로젝트를 진행해 봤지만, 짧은 프로젝트가 아니라면 계획대로 진행되는 프로젝트는 거의 없습니다. 프로젝트에 소요되는 기간이 수개월 이상이면 늘 처음에는 생각하지 못했던 작업들이 발생하여 더 많은 시간이 소요되는 경우가 많습니다. 그래서 프로젝트 일정에는 예비 일정을 반드시 마련해야 합니다.

간혹 '가능한 최단 일정'을 기준으로 삼는 경우가 있습니다. 전체 일정이 8~10개월 걸릴 것 같으면 8개월을 기준으로 업무를 진행해 버리는 것이죠. 이럴 때는 특정한 업무가 배정되어 있지 않은 '예비 일정'이 종종 무시됩니다. 하지만 예비 일정을 사용하지 않는 프로젝트는 많지 않습니다. 특히 게임 제작 프로젝트처럼 기간이 길고 작업이 복잡하게 연결되어 있는 프로젝트들은 무조건 사용하는 것으로 생각해도 틀리지 않습니다. 따라서 예비 일정을 '할당된 업무가 없는' 일정으로 생각하기보다, '할당된 업무가 아직 확정되지 않은' 일정으로 생각하고 다른 일정과 똑같이 취급할 필요가 있습니다.

예비 일정에는 확정된 업무가 없기 때문에 기간을 어느 정도로 잡아야 할지 예측하기 어렵습니다. 그래서 비슷한 프로젝트를 진행해 본 경험에 의존해야 할 때가 많죠. 저 같은 경우는 게임 제작에 예상되는 소요 시간의 20% 정도를 추가로 잡는 편인데요. 그것도 만들어 본 적이 있는 장르인지, 생소한 장르인지에 따라 조금씩 달라집니다.

실제 작업자를 기준으로 한다

같은 작업이라도 사람에 따라 소요되는 시간이 달라질 수 있습니다. 실력이 좋은 개발자가 1주일 만에 완료할 수 있는 작업이, 이제 막 경력이 시작된 개발자에게는 3주가 요구되는 작업일 수도 있습니다. 그런 차이가 있기 때문에 좋은 실력을 갖춘 사람을 우대하고 더 많은 보상을 지급하는 것이겠죠.

일정을 비용 측면에서 접근할 때 이러한 면을 간과하기 쉽습니다. 게임을 제작하는 데 직접 참여하지 않는 사람은 어쩔 수 없이 다른 사람이나 다른 조직에서 소요되었던 일정과 비교할 수밖에 없습니다. 그런데 외부 사례 중에서 가장 빨리 프로젝트를 완수한 사례를 비교 대상으로 삼는 경우가 있습니다. 그것을 가능한 최소 비용으로 생각하는 것이지요. 하지만 누군가 3개월 만에 완료한 적이 있는 작업이라고 해서 모든 사람이 3개월 만에 완료할 수 있는 것은 아닙니다.

역량이 출중한 사람이나 팀에 과업을 맡겨 작업을 빨리 끝낼 수 있다면 좋을 것입니다. 하지만 모든 달리기 선수가 우사인 볼트 같을 수는 없겠죠. 일단 어떤 사람이나 팀에 과업을 부여했다면 그 사람이나 팀의 역량과 생산성을 기준으로 일정을 잡는 것이 올바른 결정일 것입니다.

정확히 예측하려고 노력한다

> 일정은 어차피 틀리게 되어 있으니,
> 대충 정한 후에 그때그때 맞춰나가면 됩니다.

일정을 이렇게 생각하는 경우들이 있습니다. 완전히 틀린 말은 아니죠. 이런 접근이 필요한 프로젝트들도 있습니다. 하지만 프로젝트에 소요되는 시간이 얼마가 될지 예측하는 것은 프로젝트를 진행하는 사람들에게 꼭 필요한 일 중 하나입니다. 누군가에게 보고하기 위해서뿐만 아니라 프로젝트가 올바른 방향으로 나아가게 하기 위해서도 일정 예측이 필요하기 때문이죠.

농구를 하는 사람이 공을 아무렇게나 던진다면 공과 림과의 거리는 줄어들지 않을 것입니다. 림에 공을 정확히 넣으려고 노력해야 던지는 자세를 올바르게 수정할 수 있고, 공을 좀 더 림 중심에 가깝게 던질 수 있게 됩니다.

일정을 정확히 예측할 수는 없겠죠. 하지만 정확히 예측하려고 노력해야 합니다. 그래야 예측과 실제 사이에 존재하는 오차를 줄일 수 있고, 좀 더 프로젝트에 도움이 되는 일정 예측을 진행할 수 있게 될 테니까요.

✅ 팀장 업무 셀프 점검하기

☐ 작업 일정이 세부 단위별로 계산되었나요?

☐ 예상치 못한 상황에 대응할 수 있는 여유 일정이 있나요?

☐ 작업 일정에 작업자의 휴가 등 예상되는 업무 공백을 고려했나요?

☐ 실제 작업자의 역량을 고려한 일정인가요?

일정이 너무 빡빡해요

오늘의 목표

☑ 일정이 빡빡한 상황에서 적절히 대응하는 방법 이해하기

리더를 힘들게 하는 것 중 하나가 일정이죠. 특히 일정이 빡빡한 프로젝트를 진행해야 할 때 고민이 많아집니다. 더 많은 일정을 확보하는 것도, 주어진 일정 안에서 최대한의 성과를 만들어 내는 것도 만만치 않은 일입니다.

처음부터 일정이 촉박하게 진행된 프로젝트도 있고, 처음에는 괜찮았는데 진행하다 보니 시간이 부족해지는 프로젝트도 있습니다. 그원인도 다양한데, 인력 이탈로 인한 경우도 있고, 회사 자금이 부족해서 빨리 출시해야 하는 경우도 있죠. 투자자나 사업 파트너가 빨리 출시할 것을 요구하는 경우도 있습니다. 물론 애초에 일정 예측을 잘못한 경우도 있겠죠.

'사용 가능한 상태'를 유지한다

일정 예측 실패는 너무나도 흔한 일이라 처음부터 대응할 수 있는 방법을 고려하는 것이 중요합니다. 그러기 위해서는 일단 제품을 항상 '사용 가능한 상태'로 유지하는 것이 좋겠죠. 핵심적인 기능만 갖춘 최소한의 제품(MVP, minimum viable product)을 빨리 만들어 놓고 거기에 기능을 더하는 형태로 프로젝트를 진행하는 것입니다.

디펜스 게임(defense game, 몰려오는 적을 반복적으로 물리치는 게임)을 예로 들어 보죠. 게임을 시작하면 적이 몰려오고 타워를 건설해서 적을 물리치는 부분만으로 구성된 게임을 먼저 만들어 놓습니다. 이후 로그인 기능, 상점 기능, 임무 기능 등 필요한 기능을 추가하는 형태로 프로젝트를 진행하죠. 이때 추가적인 요구사항을 만족하면서도 제품은 늘 동작 가능한 상태를 유지해야 합니다. 품질은 떨어져도 일단 배포가 가능한 상태를 유지하고 있어야 한다는 뜻입니다.

핵심적인 부분부터 만들어 나가고 상황에 따라 적절히 요구사항을 재정의하기 위해서는 우선순위 관리가 중요합니다. 저의 경우 지금까지 많은 게임을 출시해 봤지만 제품에 넣고 싶은 것을 모두 넣어서 출시한 경우는 없었고, 항상 무언가는 제외시켜야 했고 무언가는 미루어야 했습니다. 그럴 때 우선순위 관리가 잘 되어 있으면 금방 결정을 내릴 수 있습니다.

추가 작업 시간을 확보한다

시간이 어쩔 수 없이 부족한 경우도 있지만, 그렇지 않은 경우도 많습니다. 최초의 예측이 잘못되어 부족한 경우도 있고, 갑자기 구성원이 이탈하여 부족해졌을 수도 있죠. 이럴 때 부족한 상황에서 최선을 다하는 것도 좋지만, 제품의 완성도를 위해 추가적인 일정을 확보하려는 노력이 필요합니다.

일정을 더 확보하려면 상위 리더나 다른 누군가와 협의가 필요하겠죠. 그러기 위해서는 일정이 추가로 필요한 이유를 설득력 있게 말할 수 있어야 합니다. 이럴 때 세밀하게 짜둔 일정 계획과 현황표가 있으면 좋습니다. 말로만 부족하다고 이야기하는 것보다, 눈으로 볼 수 있는 근거가 있으면 설득력이 높아지니까요. 인력 이탈이나 예측 실패로 시간이 부족할 때도 세밀하게 정리해 둔 일정표가 있으면 설명하기가 더 쉬울 것입니다.

추가적인 시간을 요청했다고 해서 반드시 시간을 확보할 수 있는 것은 아닙니다. 조직에도 사정이 있어 확보가 어려울 수 있죠. 하지만 이 문제에 관해 충분히 커뮤니케이션했다면 다른 면으로 도움을 받을 수 있는 가능성이 생깁니다. 예를 들어 다른 팀에서 업무 지원을 할 수도 있고, 일부 작업을 외주로 돌릴 수도 있겠죠.

요구사항을 조정한다

일정이 빡빡할 때 또 한 가지 고려해야 할 것은 '요구사항의 조정'입니다. 예를 들어 2년 계획으로 게임을 만드는 중이었는데 갑자기 출시 일정을 6개월 앞당겨야 한다고 생각해 보죠. 기존 계획을 그대로 유지하면서 6개월 빨리 게임을 출시하는 것은 거의 불가능하겠죠? 따라서 계획을 다시 검토하고 제품의 최종 사양을 다시 정의해야 합니다.

작업 시간이 부족하다면 기존의 요구사항을 축소해야겠죠. 그런데 이때 주의해야 할 것이 있습니다. 단순히 요구사항 목록에서 할 일을 줄이는 것이 목적이 아니라는 것이죠. 프로젝트 규모가 축소되었다고 하더라도 여전히 프로젝트는 분명한 사업 목적을 갖고 조직의 성과에 기여할 수 있어야 합니다. 따라서 정해진 기한까지 완료할 수 있으면서 의미 있는 성과를 낼 수 있도록 요구사항을 재정리해야 합니다. 필요하면 전략을 수정할 수도 있고, 대상 고객을 바꿔야 하는 경우도 있을 것입니다.

이것은 당연한 얘기처럼 들리지만 일정에 맞추어 요구사항을 조정하는 과정에서 많이 간과하는 부분입니다. 특히 '일정'에 너무 몰입하다 보면 이런 실수를 하기 쉬운데요. 프로젝트 자체의 의미가 살아 있어야 일정을 맞추는 것도 의미가 있다는 것을 명심해야 합니다.

안 되는 일도 있다

리더는 불가능을 가능으로 만드는 사람이 아닙니다. 불가능과 가능을 구별하고, 불가능한 일의 조건을 바꾸어 가능한 일로 만드는 사람이죠. 부족한 시간을 노력과 열정으로 해결하려 하기보다는, 팀의 사기와 생산성을 일정하게 유지하면서도 충분히 달성 가능한 조건을 찾아야 합니다. 아무리 찾아도 그런 조건이 만들어지지 않을 때 최후의 수단으로 기댈 수 있는 것이 노력과 열정이죠. 그리고 노력과 열정으로도 해결이 되지 않는다면 프로젝트의 지속 여부도 고민을 해야 합니다.

바로 이럴 때 팀과 프로젝트를 중심에 두는 사고가 필요합니다. 어떤 과정이 얼마나 어려울지, 리더 자신에게 어떤 피해가 발생할지 생각하기보다, 그것이 조직과 구성원에게 최선의 결과를 낳을 것인지 생각해야 합니다. 편한 길보다 옳은 길을 추구해야 하는 것이 리더인 것이죠.

✅ 팀장 업무 셀프 점검하기

- 프로젝트 결과물은 핵심적인 내용을 가지고 있으면서
  활용 가능한 상태를 유지하고 있나요?

☐ 작업 시간을 추가로 확보하기 위해 노력을 했나요?

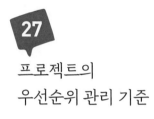

프로젝트의
우선순위 관리 기준

☑ 우선순위 선정 기준을 만들고 프로젝트 작업의 우선순위 정리해 보기

우선순위란 어떤 일을 먼저 처리할지 순서를 정하는 것입니다. 프로젝트에서 수행해야 할 수많은 작업들을 몇 개 그룹으로 나누고 먼저 처리해야 하는 그룹부터 실행해 나가죠. 그러면 작업 효율을 높일 수 있고 리스크에도 유연하게 대응할 수 있습니다.

저의 경우 지금까지 수많은 프로젝트를 진행해 봤지만 해야 할 작업 목록은 늘 처리할 수 있는 범위를 넘어서 있었습니다. 그런 상황에서 그냥 닥치는 대로 해결하겠다고 덤벼들어서는 정상적인 프로젝트 진행이 어렵겠죠. 무엇을 먼저 해야 할지, 무엇을 나중에 해도 될지, 무엇은 안 해도 상관없는 것인지 구분해야 프로젝트를 앞으로 나아가게 할 수 있습니다.

프로젝트에 적합한 기준을 사용하자

'우선순위 관리'라고 하면 중요한 것과 중요하지 않은 것, 급한 것과 급하지 않은 것으로 나눈 4개 그룹을 활용하는 것이 가장 기본적인 형태라고 할 수 있습니다. 이 밖에도 널리 사용되는 여러 가지 우선 순위 관리 기법들이 있죠. 그런데 꼭 그런 유명한 관리 기법에 맞춰 서 운영을 해야 하는 것은 아닙니다. 다음 항목들은 제가 게임 제작 프로젝트의 리더일 때 사용한 우선순위 기준입니다.

① 게임을 출시할 때 없어서는 안 되는 항목

② 중요하지만 출시한 후에 업데이트할 때 추가해도 되는 항목

③ 해도 그만, 안 해도 그만인 항목

④ 절대 하면 안 되는 항목

첫 번째 항목은 출시 전에 반드시 끝내야 하는 작업입니다. 레이싱 게임이라면 자동차를 운전하는 기능이 여기에 포함되겠죠. 이 그룹 에 속하는 항목 중 어느 하나라도 완성되어 있지 않으면 게임을 출 시하지 않습니다. 두 번째 항목은 중요하지만 업데이트 시기에 추가 해도 되는 기능들입니다. 이 기능들이 완성되지 않았어도 출시 일정 을 조정하지는 않죠. AI 레이서와의 대결 모드가 있을 수 있겠네요.

세 번째 항목은 앞선 두 항목의 작업에 영향을 미치지 않으면서 추가할 수 있으면 하고, 아니면 묵혀두는 기능들입니다. 내 자동차 이미지를 SNS에 올리는 기능이 여기에 포함될 수 있겠죠. 네 번째 항목은 검토를 했지만 서비스에 좋지 않은 영향을 미칠 수 있기 때문에 하지 않기로 결정한 작업들이죠. 해외 소셜 게임에서 간혹 발견되는 '결혼 시스템'은 레이싱 게임과 어울리진 않겠죠.

각 항목 안에서도 작업마다 우선순위가 다르지만, 일단 기본적으로 큰 틀을 이런 식으로 잡아 놓았습니다. 제가 이런 기준을 정해놓은 것은 작업자들이 우선순위 기준을 쉽게 이해하도록 하기 위해서였죠. '중요한 것, 중요하지 않은 것', '급한 것, 급하지 않은 것'이라는 기준이 다소 모호하게 느껴졌거든요.

프로젝트에 따라 적합한 우선순위 관리 방법이 따로 있을 것입니다. 알려져 있는 기법들을 참고하는 것도 좋은 방법이지만, 자신의 프로젝트에 적합한 형태를 고민해 보고 그런 형태를 활용해 보세요.

하지 않을 일 목록도 꼭 만들어 두자

앞에서 말한 우선순위 항목 중 '절대 하면 안 되는 항목'이 있죠? 저는 프로젝트를 진행할 때 이 항목을 꼭 설정했습니다. 이 항목의 작업들은 모든 일이 다 완료되어 시간과 자원이 넉넉해도 절대로 하지 말아야 하는 작업들이죠. 처음부터 목록을 구성하고 있는 것은 아니고, 고려한 작업 중에서 하지 않을 것으로 결론이 난 작업들을 이 목록에 넣어 둡니다.

프로젝트를 진행하다 보면 시간이 흐른 후에 절대로 하지 않을 항목이 다시 검토 대상에 올라올 때도 있습니다. 그래서 이미 검토했던 것을 깜빡 잊고 다시 검토하기도 하죠. 따라서 프로젝트를 수행하는 기간이 짧지 않다면 하지 않을 일로 분류한 항목들도 목록으로 가지고 있는 것이 좋습니다. 상황이 바뀌어서 다시 검토해야 할 필요성이 생기더라도, 과거에 하지 않을 것으로 분류했다는 사실을 알고 있는 것이 도움이 됩니다.

융통성을 발휘해야 할 때가 있다

여러분은 일할 때 어떤 원칙을 가지고 있나요? 원칙을 지키는 것은 중요하지만 때로는 융통성이 필요할 때도 있습니다. 앞으로 일어날 상황을 완벽히 예측하는 것은 불가능하니까요. 어떤 상황에서도 최선이 될 수 있는 원칙을 만들 수는 없습니다. 그저 괜찮은 원칙을 만들어 놓고 상황에 따라 판단하며 적용해야 합니다.

우선순위 목록을 작성했으면 우선순위가 높은 작업부터 진행하는 것이 원칙입니다. 하지만 프로젝트에 참여하는 사람마다 바쁜 시기가 다르고 부여된 업무량도 다릅니다. 게임 제작 프로젝트의 경우 기획자가 바쁜 시기와 아티스트가 바쁜 시기, 프로그래머가 바쁜 시기가 완전히 일치하지 않습니다. 그래서 어떤 사람은 눈코 뜰 새 없이 바쁜데, 어떤 사람은 여유로운 상황이 자주 발생하죠. 그럴 때 우선순위는 낮지만 작업자가 여유 있는 항목의 경우 우선순위를 높여 먼저 처리할 수도 있을 것입니다.

가끔은 갑자기 시연 일정이 잡힌다든가 하여 진행 중인 작업의 우선순위를 변경해야 할 때가 있습니다. 원래 계획대로 계속 진행하면 편하겠지만, 새로운 요구사항이나 해결해야 할 문제가 계속 발생하는 것이 프로젝트의 운명이기도 하죠. 따라서 우선순위는 언제나 바뀔 수 있다고 생각하고 있어야 하며, 바뀐 상황에 맞게 적절히 운영할 수 있어야 합니다.

우선순위 변경에는 책임이 따른다

프로젝트에 요구사항을 추가하는 사람들은 자신의 요구사항이 중요하니 '우선순위를 높여달라'고 종종 말합니다. 거짓말은 아닐 것입니다. 진심으로 중요하다고 생각하기 때문에 프로젝트 중간에 높은 우선순위로 올리고 싶겠죠. 그런데 중요한 일은 그것 하나만이 아닙니다. 중요한 작업들은 이미 충분히 많고 그것들은 보통 동시에 진행될 수 없죠. 그래서 중요한 일들 사이에서도 우선순위가 필요합니다.

새로운 요구사항을 높은 우선순위로 추가해야 한다면 단순히 그것이 '중요하다'는 것만으로는 충분하지 않습니다. 그 작업이 이미 목록에 올라가 있는 다른 작업들보다 '더' 중요하다는 것을 프로젝트 진행자들에게 납득시켜야 하죠. 그리고 새로운 요구사항 때문에 다른 작업의 우선순위가 낮아지고 일정이 늦어지는 것을 책임지고 정리할 수 있어야 합니다.

우선순위란 그런 것입니다. 늘 전체를 봐야 하고 순위를 바꾸고 싶다면 책임을 질 수 있어야 하죠. 바둑에서는 돌을 어떤 위치에 놓는지뿐만 아니라 어떤 순서로 놓는지도 굉장히 중요합니다. 순서가 제대로 되지 않으면 대국을 망칠 수도 있습니다. 프로젝트를 진행하면서 수행하는 작업들의 순서도 프로젝트의 운명에 큰 영향을 미칩니다. 따라서 우선순위를 관리하는 사람이나 우선순위에 변화를 주고 싶어 하는 사람 모두 프로젝트의 성패와 관련해 큰 책임감을 가지고 임해야 합니다.

✅ 팀장 업무 셀프 점검하기

☐ 성원이 프로젝트의 우선순위를 선정하는 기준을 이해하고 있나요?

- 우선순위는 낮지만 다른 작업에 영향을 미치지 않으면서 진행할 수 있는 것이 있다면 무엇인가요?

28
프로젝트의 상태 중간 점검하기

◇ **오늘의 목표**

☑ 프로젝트가 문제없이 진행되고 있는지 확인해 보기

사람들이 매년 건강검진을 하는 이유는 무엇일까요? 건강 이상을 빨리 알아차리면 비용도 적게 들고 완치율도 높기 때문이겠죠. 늦게 알아차리면 금전적인 부담은 물론 손쓰기 어려운 상황이 될 수도 있습니다.

프로젝트의 실패도 빨리 알아차리면 금방 수정할 수 있고 시간과 비용을 아낄 수 있습니다. 하지만 막상 프로젝트가 잘못된 방향으로 간다는 것을 알아차리는 것이 쉬운 일은 아니죠. 징후가 뚜렷하지 않을 때가 많으니까요. 그래서 장기 프로젝트에서는 정기적으로 프로젝트의 상태를 체크해 보아야 합니다. 그리고 잘못된 부분이 발견되면 부지런히 수정해야 합니다. 그렇지 않으면 원금에 이자가 붙어서 나중에 더 큰 문제로 맞닥뜨리게 됩니다.

시장 상황 살피기

제가 PC 게임 프로젝트에서 프로젝트 매니저로 일할 때 프로젝트가 끝난 후 회고를 하면서 프로젝트 참여자들의 의견을 청취했습니다. 프로젝트 결과가 좋지 않을 것 같았는데도 기민하게 변경하지 못했다는 의견이 여럿 있었습니다. 실제로 그 프로젝트는 최초 일정보다 1년 이상 더 소요되었는데 중간에 모바일 게임 시장이 열리는 환경 변화가 있었습니다. 이러한 환경 변화에 대응해서 게임을 모바일 기반으로 빠르게 전환했어야 했다는 의견이었죠. 모바일로의 전환이 실제로 좋은 선택이었을지는 알 수 없습니다. 모바일 게임으로 실패했을 수도 있었겠죠. 그러나 환경 변화에 대응하여 프로젝트를 변화시켜야 할지 충분히 고려할 기회를 못 가진 걸 사람들은 아쉬워했습니다.

지금은 그때보다도 시장이 더 빠르게 변하고 있습니다. 사람들의 경험이 변하고 요구가 변하고 있죠. 초기에 그런 변화들을 예측하여 프로젝트를 기획했지만, 세상일이 예측한 대로 그대로 진행되는 경우는 별로 없습니다. 따라서 애초의 가설과 비교하여 현재의 시장 상황이 어떻게 달라졌는지 주기적으로 살펴야 합니다. 그리고 예측과 현실의 차이가 기존의 의사결정에 영향을 미치는 것으로 판단된다면 의사결정을 다시 진행하는 것도 고려해야 합니다.

사람은 한번 결정한 것은 지키려는 습성이 있습니다. 계획에서 벗어나는 것을 싫어하는 습성도 있죠. 환경의 변화에 따라 결정을 수정하는 작업은 인간의 본성을 거스르는 수준의 일입니다. 그렇기 때문에 더 적극적으로 시장 상황을 살피고 그에 따라 기민하게 계획을 수정하는 작업을 시도해야 합니다. 일하기 편한 쪽만 따라가다 보면 소비자와 멀어지기 쉬우니까요.

고객의 의견을 빨리 받아 반영하기

여러분은 '애자일(agile)' 하면 가장 먼저 생각나는 것이 무엇인가요? 저는 동작이 되는 제품을 빨리 만들어서 피드백을 받고 동작이 되는 상태를 유지하면서 제품을 완성시켜 나가는 것이 생각납니다. 요즘은 이런 과정을 대부분의 사람들이 긍정적으로 생각하는 것 같은데요. 게임을 제작하는 입장에서는 특히나 중요한 부분이죠.

게임은 고객에게 '재미'를 주어야 합니다. 그런데 '재미'라는 것은 주관적인 것이어서, 제작자가 재미있을 거라 예상한 것을 시장에서는 다르게 평가할 수도 있습니다. 그러다 보니 프로젝트를 성공시키려면 고객의 평가를 자주 받아보는 것이 무척 중요합니다.

단, 고객에게 평가를 받을 때 주의해야 할 점이 있습니다. 개발 팀에 속하지 않은 사람들은 제품의 최종 모습을 알지 못합니다. 따라서 그 사람들에게는 제품의 현재 모습이 제품의 품질을 판단하는 유일한 기준이 되죠. 그렇기 때문에 시간이 부족하더라도 어느 정도 모양을 갖추어 놓고 보여주는 것이 좋습니다. 최소한 어수선하지 않고

깔끔하게 정리된 모습은 가지고 있어야겠죠

한 가지 더 주의해야 할 것은 고객에게 평가받을 요소가 명확해야 한다는 것입니다. 테스트할 때 테스트 요소를 명확히 알고 진행하는 것과 모르고 진행하는 것에는 성과에서 큰 차이가 납니다.

프로젝트 계획과 현재 상황 비교하기

보통 프로젝트를 시작할 때 프로젝트 완료 일자를 예측하여 정해 놓습니다. 그런데 이 예측이 맞는 경우는 많지 않죠. 제가 참여했던 대부분의 프로젝트도 계획했던 것보다 더 많은 시간을 소비했습니다. 특히 긴 프로젝트들은 반드시 시간이 더 필요했죠. 그래서 프로젝트를 진행하는 중간중간에 원래 계획과 현재 일정 사이에 발생한 차이를 확인하고 최종 완료 일자를 다시 예상해 보는 것이 필요합니다.

일정은 한번 밀리기 시작하면 점점 더 많이 밀리는 경향이 있습니다. 따라서 일정이 밀리기 시작한 원인을 빨리 찾아서 수정하는 것이 중요합니다. 특히 타이밍이 중요한 프로젝트라면 요구사항을 조정하든가 인력을 더 투입하는 등의 방법을 써서라도 달라지기 시작한 일정을 빨리 조정하는 것이 중요하겠죠.

프로젝트를 진행하다 보면 일정만 달라지는 것이 아니라 프로젝트에 참여하는 인력에도 변화가 생깁니다. 1년 이상 걸리는 프로젝트라면 처음 인력이 그대로 유지되는 경우가 오히려 흔치 않다고 할 수 있을 것입니다. 구성원 이탈에 관해서는 '15장 구성원이 갑자기 퇴사했어요'를 참고하세요.

구성원의 상태 확인하기

일은 사람이 합니다. 따라서 일을 하는 주체인 사람을 살피는 것은 너무나 당연하고 또 중요하겠죠. 그런데 이 당연한 일을 소홀히 하는 경우가 심심치 않게 발생합니다. 문제의 유형을 몇 가지만 나열해 보면 다음과 같습니다.

- 사기가 떨어져서 업무 진행이 잘 안 되는 경우
- 과업이 구성원의 성향과 잘 맞지 않아서 성과가 따라오지 못하는 경우
- 구성원 간의 관계에 문제가 생긴 경우
- 구성원의 개인적인 문제로 업무에 집중하지 못하는 경우

이 외에도 여러 가지 상황이 있을 수 있겠죠. 이런 문제가 발생하면 문제의 당사자가 가장 먼저 알아차리기 마련입니다. 하지만 알고 있다고 해서 금방 고칠 수 있는 것은 아니죠. 위에 나열한 유형들만 해도 혼자서는 해결하기 어려울 때가 많죠. 그래서 동료나 리더의 도움이 필요하지만, 막상 도움을 요청하는 것도 쉽지만은 않습니다.

따라서 구성원의 상태를 확인하는 데에는 리더나 관리자의 적극성이 필요합니다. 구성원에게 관심을 기울이다 보면 평소와 다른 징후들을 포착할 때가 있는데, 그럴 때 무심히 넘기지 말고 무슨 문제가 있는지 살피는 것이 좋습니다. 평소에 어려운 이야기도 나눌 수 있는 관계를 형성해 두었다면 이럴 때 도움이 되겠죠.

개인이 겪는 문제를 리더가 같이 해결해 주면 리더와 구성원 사이의 신뢰도 공고해집니다. 또 이런 과정을 지켜보는 다른 구성원들도 리더를 신뢰하게 되고, 그래서 팀이 더 단단하게 다져지는 계기가 됩니다. 혹여 문제가 완전히 해결되지 않더라도 구성원을 돕고자 하는 리더의 태도 자체가 팀에 긍정적인 영향을 미치게 됩니다.

일이 잘 풀릴수록 팀과 프로젝트를 다시 점검해 봐야 한다

프로젝트에 문제가 발생하지 않았다면 문제가 없는 것이 아니라 모르고 있을 가능성이 더 높습니다. 따라서 프로젝트가 너무 잘 진행된다 싶으면 오히려 팀과 프로젝트의 모든 것을 한번 되짚어 볼 때로 생각하는 것이 좋습니다.

번거롭고 힘들지만, 안 그래도 할 일이 많아서 바쁘겠지만, 팀과 프로젝트가 잘못된 방향으로 흘러가고 있지 않은지 자주 들여다보고 확인해 봐야 합니다. 모르는 척한다고 해서 문제가 저절로 해결되지는 않으니까 말이죠. 더 이상 덮어놓을 수 없는 지경이 되면 그때는 해결하고 싶어도 해결할 수 없는 상태에 빠질 수도 있다는 것을 명심하세요!

29

리스크 관리는 어떻게 해야 할까요?

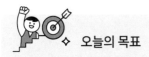 **오늘의 목표**

☑ 팀과 프로젝트에 내재된 위험 요소를 따져보고 대응방안 마련하기

'용병법'이란 적이 쳐들어오지 않을 것이라 믿지 말고

언제 쳐들어와도 능히 대적할 수 있는 대비책을 갖추는 것을 말하며,

적이 공격해오지 않을 것이라 믿지 말고 어떠한 적도

공격할 수 없는 강한 나를 만드는 것을 말한다.

《손자병법》 중에서

프로젝트를 진행하다 보면 프로젝트를 위협하는 여러 가지 상황에 직면하게 됩니다. 때로는 사람 때문에, 때로는 자원 때문에, 때로는 외부 환경의 변화 때문에 프로젝트가 위기에 빠지게 되죠. 이렇게 프로젝트를 위협하는 잠재적인 요인들을 '리스크(risk)'라고 합니다. 대부분의 프로젝트는 이런 리스크를 미리 탐색하고 관리하면서 진행됩니다. 리스크가 현실화하면 대응하는 데 시간과 비용이 많이 들기 때문이죠.

위험 요소를 탐색하자

리스크를 관리하려면 먼저 잠재되어 있는 리스크를 찾아내야겠죠. 그러려면 프로젝트가 실패할 수 있는 상황을 상상해 보는 것이 좋습니다. 프로젝트를 좌절시키는 요인들이 리스크에 해당하니까요. 이때 로직트리(logic tree) 같은 기법을 사용하면 도움이 되죠. '프로젝트가 실패하였다.'라는 결과로부터 시작하여 그렇게 된 조건들을 거꾸로 탐색해 나가는 것입니다.

예를 들어 '결과물의 품질이 좋지 않아서' 프로젝트가 실패할 수 있겠죠. 그러면 또 무엇이 프로젝트 결과물의 품질에 나쁜 영향을 미칠 수 있는지 찾아봅니다. 예정된 기간보다 빨리 출시해야 하는 일정 부족 때문일 수도 있고, 팀의 역량이 예상한 것보다 부족해서일 수도 있겠죠.

또한 제품의 품질은 충분히 좋았지만 '시장 예측에 실패하여' 프로 젝트가 실패로 끝날 수도 있습니다. 이 경우 비슷한 경쟁 제품이 먼 저 출시되어 시장을 선점했을 수도 있고, 고객의 기호를 잘못 판단 하여 고객의 흥미를 끌지 못했을 수도 있습니다.

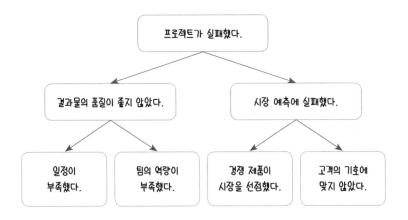

이렇게 프로젝트가 실패하게 되는 경우들을 나열해 보고 각 경우를 발생시키는 원인을 거꾸로 탐색해 나가다 보면 프로젝트를 위협하 는 리스크 목록을 상세하게 작성할 수 있습니다.

로직트리를 이용한다고 하더라도 작성자의 상상력에만 의존하면 리스크를 찾아내는 데 한계가 있겠죠. 이때 비슷한 유형을 가진 다 른 프로젝트의 사례를 찾아보는 것도 좋습니다. 공개된 자료를 검색 하여 확인할 수도 있고, 동료나 지인들의 경험을 참고할 수도 있을 것입니다. 여러 프로젝트가 공통적으로 겪는 리스크들이 많기 때문 에 이런 활동들이 도움이 됩니다.

대응 시나리오를 준비하자

리스크를 탐색했으면 각 리스크에 어떻게 대응해야 할지 시나리오를 그려놓아야 합니다. 그래야 막상 리스크가 현실이 되었을 때 빠르고 정확하게 대응할 수 있기 때문이죠. 그러면 리스크 대응에 필요한 비용을 최소화할 수 있고, 리스크로부터 프로젝트를 보호할 가능성도 높일 수 있습니다.

그러나 탐색된 모든 리스크에 대응 방안을 준비해야 하는 것은 아닙니다. 어떤 리스크는 그냥 무시하고 넘어가도 되겠죠. 그러기 위해서는 먼저 리스크를 분류할 필요가 있습니다. 보통은 발생 가능성과 파급 효과를 이용해 리스크를 분류합니다.

코로나가 잠잠해지는 것 같던 시기에 해외에서 델타 변이가 퍼지고 있다는 소식이 들렸죠. 델타 변이는 확산력도 강했고 사망률도 무시할 수 있는 수준이 아니었습니다. 따라서 델타 변이의 확산을 미리 대비해 놓고 있을 필요가 있었습니다. 반면 인접 국가에 감기가 유행한다고 해서 미리 대응 방안까지 마련하지는 않죠. 감기는 코로나처럼 파급 효과가 크지는 않기 때문입니다.

프로젝트를 위협하는 리스크도 발생 가능성이 낮거나 프로젝트에 미치는 영향이 적다면 대응책을 마련하지 않고 무시할 수 있을 것입니다. 반대로 충분히 일어날 수 있으면서 프로젝트에 적지 않은 영향을 미친다면 미리 대응책을 준비해야겠죠. 만약 대응이 불가능한 리스크라면 '프로젝트를 계속 진행하는 것이 맞는가?'도 고민해 봐야 할 것입니다.

리스크가 현실화될 징후를 감지하자

리스크는 빨리 대응할수록 적은 비용으로 해소할 수 있는 경우가 많기 때문에, 현실화되기 시작했을 때 그것을 빨리 인지하는 것도 무척 중요합니다.

리스크와 관련된 로직트리를 깊게 구성하다 보면 리스크로 연결되는 징후들도 생각해 볼 수 있습니다. 예를 들어 제품의 일부가 완성된 초기 단계부터 품질에 문제가 있을 수도 있고, 다른 회사에서 비슷한 제품을 만들고 있다는 소식을 접할 수도 있겠죠. 이런 징후들을 평소에 잘 체크하면 리스크가 현실화되기 시작하는 것을 빨리 감지할 수 있을 것입니다. 나아가서 일부 리스크는 미리 예방하는 것도 가능하겠죠.

한번 정리한 리스크 목록을 정기적으로 재확인할 필요도 있습니다. 이전에는 생각하지 못했던 리스크가 발견될 수도 있고, 기존에 존재했던 리스크가 이제는 중요하지 않게 되었을 수도 있습니다. 또는 발생 가능성이나 파급 효과가 달라지는 경우도 있죠.

'이럴 줄 알고'를 외칠 수 있어야 한다

유명한 개그 프로그램에 '이럴 줄 알고'라는 코너가 있었습니다. 두 개그맨이 대립하는 형태였는데, 한 사람이 예상하지 못한 공격으로 치고 들어가면 상대방이 '이럴 줄 알고'를 외치면서 그에 대응하는 무언가를 꺼내는 방식이었죠. 프로젝트가 리스크에 대응하는 것을 마치 이 코너와 같은 모습으로 생각할 수 있습니다. 어떤 리스크가 현실이 되었을 때 프로젝트는 '이럴 줄 알고'를 외칠 수 있어야 합니다. 그러면 어지간한 리스크에 의해서는 프로젝트가 크게 흔들리지 않을 것입니다.

리스크가 현실화되지 않는다면 리스크에 대비하는 비용이 낭비로 느껴질지도 모릅니다. 하지만 그것을 낭비라고 생각하면 안 됩니다. 위험이 발생했을 때 위험으로부터 프로젝트를 보호하기 위한 투자라고 생각해야 합니다. 그런 면에서는 일종의 '보험'이라고 생각하세요!

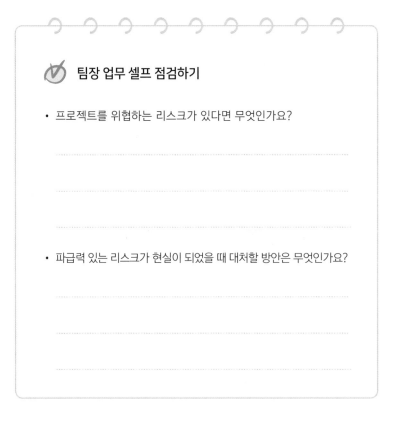

✓ 팀장 업무 셀프 점검하기

• 프로젝트를 위협하는 리스크가 있다면 무엇인가요?

• 파급력 있는 리스크가 현실이 되었을 때 대처할 방안은 무엇인가요?

30
팀과 프로젝트의 위기 극복 노하우 네 가지

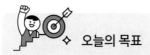

오늘의 목표

☑ 팀과 프로젝트가 위기에 처했을 때 슬기롭게 대처하기

프로젝트가 위기에 처했다면 문제를 왜곡하지 않으면서 해결할 수 있는 것부터 하나씩 풀어 나가면 됩니다. 아무리 복잡하게 뒤엉킨 실타래도 천천히 풀어내면 결국 다 풀리게 되죠. 다만 문제를 대하는 올바른 태도를 가지고 있어야 문제를 더 빨리 풀 수 있습니다. 그리고 조직에 남는 후유증도 최소화할 수 있습니다. 여기에서는 위기를 극복할 수 있는 노하우를 소개하겠습니다.

1. 문제를 해결할 수 있는 적임자를 찾고 지원하기

리더 입장에서는 본인이 직접 문제를 풀어야 한다는 생각이 들 수 있습니다. 하지만 프로젝트가 겪는 문제가 다양한 만큼 문제를 해결할 적임자도 다양합니다. 때로는 다른 구성원이나 외부인이 문제를 더 잘 해결할 수 있죠. 인간관계에서 발생하는 문제만 해도, 프로젝트 리더보다 더 조율을 잘하는 사람이 있을 수 있고, 조직 문화를 다루는 팀에 도움을 요청하는 것이 좋을 때도 있습니다. 그러니 직급이나 직무에 얽매이지 말고 문제를 해결할 최적의 적임자를 찾는 것이 중요합니다.

때로는 문제를 발생시킨 사람이 문제 해결의 적임자일 수도 있습니다. 따라서 문제가 발생했을 때 담당자를 문책부터 하는 것은 좋지 않습니다. 문제를 가장 잘 아는 사람을 위축되게 함으로써 문제 해결을 지연시키기 때문이죠. 문제가 발생했다면 그 문제를 잘 해결하는 것이 최우선이라는 것을 명심해야 합니다.

2. 근본적인 원인에 관심 갖기

그냥 두통이나 감기라고 생각했다가 큰 병을 발견하지 못하는 경우가 있죠. 프로젝트에 발생하는 문제도 비슷한 성격을 가지고 있습니다. 어떤 문제가 발생했을 때 겉으로 보이는 문제만 해결하고 넘어갔다가 나중에 더 큰 화가 되어 돌아오는 경우가 있죠.

무언가 잘못되었음을 발견했다면 무엇이 그런 문제를 발생시켰는지, 내가 모르고 있는 부분이 있는지 확인하는 것을 게을리하지 말아야 합니다. 원인을 정확히 알고 해결하면 비슷한 문제가 반복적으로 발생하는 것을 막을 수 있으니까요.

작은 프로젝트에서는 리더가 모든 것을 속속들이 알 수 있죠. 하지만 프로젝트 규모가 커지면 리더의 시야에 보이는 부분은 아주 일부분일 수밖에 없습니다. 그래서 리더와 긴밀하게 커뮤니케이션하는 사람이나 리더가 직접 관여하는 프로세스에 많이 의존하게 되죠. 그러다 보면 문제에 관한 왜곡된 이해를 가질 수 있습니다. 이를 방지하기 위해서는 프로젝트 리더가 문제의 근본적인 원인을 직접 확인하려는 자세를 항상 가지고 있어야 합니다.

3. 사람이 다치지 않게 하기

일이 잘 진행될 때는 감정이 부딪힐 일이 별로 없죠. 문제가 있어도 관대하게 받아들이며 넘어갑니다. 그러다 난관에 부딪히면 점차 팀과 프로젝트에 존재하던 문제가 선명해지기 시작하고 감정적으로 부딪히는 일이 잦아집니다. 좋아 보이던 팀워크도 언제 그랬냐는 듯이 와해되곤 하죠.

사람들이 감정적으로 나오는 원인 중 하나는 자신을 보호하고자 하는 욕구 때문일 것입니다. 따라서 프로젝트가 난관에 부딪혔을 때 그것이 구성원 개개인에게 위협으로 느껴지지 않도록 주의해야 합니다.

문제가 생길 때마다 책임자를 문책하는 것이 먼저인 분위기라면 구성원 모두가 방어적이 되고 문제를 해결하기보다 자신을 지키는 것을 우선시할 것입니다. 그러므로 책임을 묻는 것이 아니라 문제를 해결하는 것이 중심이 되어야 합니다.

누구나 문제를 일으킬 수 있습니다. 다만 그 문제를 통해 성장하는 사람과 그렇지 못한 사람이 있죠. 그러니 잘못을 따지기보다는 문제를 잘 해결하고 그 과정을 통해 성장하도록 지원하는 데 초점을 맞추는 것이 좋습니다.

4. 구성원들이 같이 해결하기

팀워크는 프로젝트가 난관에 부딪혔을 때 더 힘을 발휘합니다. 구성원 모두가 함께 위기를 극복하려고 할 때 더 빠르고 스마트하게 난관을 해결할 수 있죠. 집단 지성이란 창의적인 결과물을 만들 때보다 리스크를 해결하고자 할 때 더 빛을 발하는 법입니다.

게다가 함께 어려움을 헤쳐 나가는 과정이야말로 팀이 하나로 뭉쳐 단단해지는 좋은 계기가 됩니다. 심리학에서 신고식 같은 나쁜 풍습이 왜 없어지지 않는지 연구한 적이 있는데, 동일한 어려움을 겪은 동료끼리는 연대의식이 더 강해지기 때문이라고 합니다. 어려운 시절을 함께 보낸 사람에게 더 깊은 동료 의식을 느끼는 것은 많은 사람들이 공감하는 부분이기도 하죠.

또한 난관을 극복하는 과정은 구성원들에게 훌륭한 성장의 기회가 됩니다. 따라서 그들과 함께 문제를 해결하지 않는다면 모처럼의 좋은 성장 기회를 빼앗는 결과가 될 수도 있습니다.

문제를 해결하는 것이 가장 중요하다!

사람은 누구나 실수를 하고, 실수하지 않아도 일은 얼마든지 잘못될 수 있습니다. 그럴 때 책임질 사람부터 찾지 마세요. 어떻게 문제를 해결하고 그 과정에서 팀에 조금이라도 긍정적인 효과를 얻어낼 수 있을지 고민하는 게 좋습니다.

위기에 직면한 상황에서 가장 중요하게 생각하는 것이 무엇인지, 가장 먼저 하는 행동이 무엇인지가 그 사람을 잘 알려줍니다. 리더가 위기 상황에서 자신을 지키기보다 팀을 살리려고 노력한다면 그것만으로도 구성원들은 리더를 신뢰할 수 있을 것입니다. 그리고 그런 리더가 이끄는 조직은 위기를 극복하면서 더 단단해지고, 새로운 위기에도 슬기롭게 대처할 수 있습니다.

✅ 팀장 업무 셀프 점검하기

☐ 프로젝트가 겪는 여러 가지 문제의 해결에 적합한 사람들을 알고 있나요?

☐ 문제를 해결하는 과정에서 구성원이 상처받지 않도록 조심하고 있나요?

제약과 한계 속에서 문제 풀기

3D 모델러에게 폴리곤(Polygon, 3D 물체를 구성하는 단위)을 100만 개 정도 써서 사람을 만들어 달라고 하면 아마 자연스러운 모습의 사람 모델을 만들어 낼 것입니다. 하지만 그 모델은 계산량이 너무 많아 게임에서 쓸 수가 없습니다. 훨씬 적은 수의 폴리곤으로 자연스러운 모델을 만들어야 게임에서 문제없이 사용할 수 있죠. 그것을 할 수 있는 모델러가 게임 회사에 필요한 모델러일 것입니다.

슈퍼 컴퓨터에 엄청난 양의 데이터를 넣으면 좋은 AI를 학습시킬 수 있습니다. 하지만 그런 행운을 제공할 수 있는 회사는 많지 않죠. 대부분의 회사에서는 한정된 컴퓨팅 파워와 한정된 데이터를 이용해 쓸 만한 AI를 만들어 내야 합니다. 그것을 해낼 수 있는 AI 개발자가 필요하죠.

일이 잘 풀리지 않으면 여러 가지 조건문을 만들어 보게 됩니다. '사람만 충분히 있었어도', '시간이 조금만 더 있었어도', '회사가 조금만 더 지원해 줬어도'와 같이 말이죠. 하지만 모든 걸 충분히 가지고 진행되는 프로젝트는 많지 않습니다. 항상 무언가 부족하고, 무언가 할 수 없고, 무언가 제약이 걸린 상태에서 진행하게 됩니다.

그런 제약과 한계를 잘 이해하고 그 안에서 최선의 결과를 만들어 내는 것이 프로젝트입니다. 제약 사항의 영향을 덜 받게 하는 것도 경쟁의 일부분이죠. 물론 말도 안 되는 상황에서 결과를 요구하는 잘못된 관행도 있지만, 어차피 진행하기로 한 일이라면 제약 조건 안에서 퍼즐을 풀어내려고 노력해야 합니다. 그것이 프로젝트를 이끌고 가는 사람이 가져야 할 마음가짐입니다.

| 여러 가지 프로젝트 관리 프로그램들

Trello — 중간 규모의 프로젝트에서 사용하기 좋은 도구

Trello는 큰 장점이 있습니다. 보드와 카드로 이루어진 인터페이스가 직관적인 이해하기 쉬운 도구입니다. 카드로 업무를 구분하고 카드별로 관찰자를 지정할 수 있어 업무 단위로 관리하기도 편합니다. 또한 인터페이스가 모바일과 잘 어울려서 모바일과 연동하여 사용하기에도 좋습니다. 이미지나 파일을 공유하기에도 좋고요. 이메일과 연동하면 여러 사람이 협업하는 업무를 관리하는 것도 편합니다.

Trello는 개인의 업무 관리 도구로도 쓰기 좋습니다. 프로젝트-보드-카드라는 3단계로 일을 관리할 수 있고, 카드별로 체크리스트와 날짜 설정도 활용할 수 있어 다양한 업무를 처리하는 사람에게 특히 쓸모가 많습니다.

Trello의 단점은 아무래도 기능이 제한적이라는 점입니다. 큰 프로젝트를 관리하기에는 기능이 다소 부족하죠. 구성원 개개인의 업무 현황을 파악하기도 어렵고, 업무와 업무가 연결되는 전체 흐름이나 구조를 이해하는 것도 쉽지 않습니다. 그래서 수십 명이 참여하는 큰 프로젝트에서는 다른 도구를 찾는 것이 좋습니다.

• 공식 홈페이지: trello.com

Redmine — 이슈 추적에 사용하기 좋은 도구

Redmine은 오픈 소스 프로그램으로 무료입니다. 보통 무료로 배포되는 프로그램은 상용 프로그램에 비해 기능이 많이 제한적인 편인데, Redmine은 프로젝트 관리에 필요한 기능을 상당히 많이 가지고 있습니다. 그래서 대규모 프로젝트가 아니라면 Redmine으로도 충분히 관리가 가능하죠. 다만 인터페이스가 Trello 같은 프로그램에 비해 조금 불편한 편입니다. 그리고 설치와 유지보수에 적지 않은 노력이 필요하죠. 특히 사용하는 기능이 많아질수록 시스템을 주의 깊게 관리할 필요가 있습니다.

Redmine을 이슈 관리 목적으로만 사용하는 경우도 많습니다. 게임 같은 복잡한 프로그램을 개발하는 프로젝트에서는 오류나 수정사항 등 다양한 이슈가 끊임없이 발생하는데요. Redmine은 그런 이슈를 추적하고 관리하는 데 편합니다. 그래서 이슈 추적 시스템(Issue Tracking System, ITS)이나 오류 추적 시스템(Bug Tracking System, BTS)으로 많이 사용합니다.

Redmine에서는 누구나 쉽게 새로운 이슈를 등록할 수 있습니다. 이슈의 우선순위와 상태를 관리하기도 편하죠. 연관관계가 있는 이슈들을 연결하여 관리할 수도 있습니다. 이 연결 관리는 상당히 편리한데요. 여러 사람이 비슷한 이슈를 보고하는 경우도 있고, 과거에 이미 마무리한 이슈와 관련된 새로운 이슈가 발생하기도 하기 때문이죠.

꼭 소프트웨어 개발 프로젝트가 아니더라도 프로젝트 중간에 발생하는 다양한 이슈의 우선순위와 담당자를 지정하고, 일정을 설정하며, 처리 상태를 추적하고자 한다면 상당히 괜찮은 도구라고 할 수 있습니다.

• 공식 홈페이지: redmine.org

Jira — 강력하고 포괄적인 프로젝트 관리 도구

다중접속 롤플레잉 게임을 개발하는 프로젝트의 경우 참여 인원이 적게는 수십 명에서 많게는 수백 명에 이릅니다. 개발 기간도 2년 이상 걸리는 것이 대부분이죠. 이런 큰 프로젝트는 Trello나 Redmine 같은 도구로는 감당하기 어렵습니다. 이럴 때 많이 사용하는 것이 Jira죠.

구성원 개개인의 업무 현황을 추적할 수 있고, 업무 파이프라인을 설정하는 것도 가능합니다. 프로젝트가 계획대로 잘 진행되고 있는지 여러 측면에서 조명해 볼 수 있고요. 병목 지점이 있는지 찾아볼 수도 있죠. 나와 협업하는 다른 사람의 업무 처리 현황도 확인할 수 있고, 몇몇 자동화 프로세스를 구축하는 데도 도움이 됩니다. 한 마디로 어지간한 건 다 되는 도구라고 할 수 있습니다.

다만 이렇게 많은 기능을 가지고 있다 보니 사용이 다소 복잡하고 프로그램이 무거운 편입니다. 몇몇 기능만 사용할 것이라면 차라리 다른 간편한 도구를 사용하는 것이 나을 수 있죠. 대신 Jira에 있는 기능을 충분히 활용한다면 그 강력함은 큰 효과를 발휘합니다. 그래서 실무자들은 자신에게 필요한 몇몇 기능만 익혀서 사용한다고 하더라도, 리더는 Jira의 여러 기능을 숙달해서 그 효용을 최대한 끌어내는 것이 좋습니다. 리더가 그것을 하기 어려운 상황이라면 구성원 중에서 Jira 관리자를 한 명 뽑고 지원해 주는 것도 좋습니다.

상당히 많이 쓰이는 도구인 데다 프로젝트 관리에 필요한 것을 총체적으로 담고 있기 때문에, Jira를 공부하면서 프로젝트 관리에 관한 이해를 넓힐 수도 있습니다. 10명까지는 무료로 사용할 수 있다고 하니, 개인적으로 사용해 보거나 혹은 친한 사람들과 작은 프로젝트를 돌리며 사용해 본다면 좋은 학습 도구가 될 것입니다.

- 공식 홈페이지: atlassian.com/ko/software/jira

여러 가지를 사용해 보고 팀과 프로젝트에 맞는 도구를 찾아내자!

Favro, MS Project 같은 도구도 있습니다. Favro는 Trello와 비슷한 유형의 도구이고, MS Project는 Jira처럼 포괄적인 프로젝트 관리 도구입니다. 이 외에도 여러 가지 관리 도구가 있으니 잘 살펴보고 팀에 적합한 것을 찾아보세요.

어떤 프로젝트에는 Jira 정도의 도구가 필요한 반면, 어떤 프로젝트에는 Jira가 방해가 되기도 합니다. 따라서 '좋은' 도구가 아니라 '적합한' 도구를 목표로 탐색하는 것이 좋습니다. 도구에 관한 정보만으로 판단이 어렵다면 한두 달 정도 직접 사용해 보는 것도 좋습니다. 프로젝트에 적합한 관리 도구는 프로젝트의 성과에 생각보다 큰 영향을 미치기 때문에, 기회가 있을 때 적절한 도구를 찾아두는 것이 중요합니다.

05

사람을 움직이는 도구, 커뮤니케이션

목적을 달성하기 위한 가장 효율적인 도구는
바로 '커뮤니케이션'입니다.
커뮤니케이션에 능할수록 더 빨리 목적을 이룰 수 있고,
더 좋은 성과를 만들어 낼 수 있습니다.

31

상대방 중심의 커뮤니케이션 방법

 **오늘의 목표**

☑ 상대방을 중심에 두는 대화 진행해 보기

말하는 사람, 듣는 사람, 메시지가 있으면 커뮤니케이션은 성립됩니다. 그런데 커뮤니케이션이 '성립'되었다고 해서 그것이 꼭 커뮤니케이션의 '성공'을 의미하는 것은 아니죠. 커뮤니케이션에는 숨어 있는 요소가 한 가지 더 있습니다. 그것은 바로 '목적'입니다. 커뮤니케이션이란 말하는 사람이 어떤 '목적'을 달성하기 위해 듣는 사람에게 메시지를 전달하는 행위인 것이죠. '목적'이 달성되었을 때 우리는 비로소 커뮤니케이션이 성공했다고 이야기할 수 있습니다.

커뮤니케이션의 목적에는 여러 가지가 있지만, 비즈니스 영역에서 특히 중요하게 여겨지는 두 가지 목적이 있습니다. 바로 '정보를 전달하는 것'과 '상대방의 생각이나 행동에 영향을 미치는 것'이죠. 그런데 이 두 가지 목적을 달성하는 데는 듣는 사람의 의지와 노력이 필요합니다. 듣는 사람의 의지가 없다면 정보를 정확히 전달하기도 어렵고, 생각이나 행동에 변화를 일으키는 것은 더욱 어렵죠. 따라서 말하는 사람은 듣는 사람에게 메시지를 전달하면서, 동시에 듣는 사람의 의지와 노력에 영향을 미치려고 시도해야 합니다. 그러면 말하는 사람이 의도한 커뮤니케이션이 보다 쉽게 '성공'으로 이어질 수 있을 것입니다.

상대방을 이해하고 상대방과 연결되려고 노력하자

엄마들을 대상으로 하는 강의를 들으러 간 적이 있습니다. 강의가 시작되었는데 제가 회사 교육을 통해 들었던 강의들과는 사뭇 달랐습니다. 강사는 자기소개는 제쳐두고 다른 이야기만 했습니다. 엄마들이 아이를 키우면서 겪는 어려움을 하나하나 짚어가며 호응을 유도했죠. 엄마들은 자신들의 노고를 이야기해 주니 기꺼이 호응을 했습니다. 한 시간 정도의 강의에서 무려 20분을 그렇게 보내고 나서야 자기소개를 간략히 하고 본격적인 강의를 시작했죠. 강의 도중에 질문을 던지기도 하고 간혹 율동 같은 것을 시키기도 했는데, 청중이 그렇게 협조적으로 호응하는 모습을 저는 그전에도 그 이후에도 본 적이 없습니다.

'경청'이란 듣는 사람이 말하는 사람의 메시지에 '주의 깊게' 귀 기울이는 것을 말합니다. 그래서 경청에는 듣는 사람의 의지가 필요합니다. 그 의지를 유도해 내기 위해서는 먼저 듣는 사람을 이해하고 공감해야 합니다. 상대방을 이해하지 못한 상태에서 상대방의 마음에 어떤 의지를 심는다는 것은 눈을 가리고 과녁을 겨냥하는 것만큼 어려운 일입니다.

나아가서 내가 당신을 이해하고 있다는 것을 상대방이 알게 하는 것이 좋습니다. 사람들은 자신을 이해하는 대상에게 우호적이기 때문이죠. 사람은 기본적으로 변화보다 안정을 추구합니다. 변화하라는 요구는 그 사람이 그동안 가지고 있던 지식이나 신념을 부정하는 것으로 받아들여질 수 있죠. 이럴 때 말하는 사람이 나를 이해하고 있고, 나에게 우호적이며, 나와 공통점이 있는 사람이라는 인식을 갖게 된다면, 아마도 자신을 지키려는 마음을 조금은 내려놓고 말하는 사람의 메시지를 들으려 할 것입니다.

상대방의 언어로 이야기하자

제가 AI 연구를 한다는 것을 알고 초등학생 아들이 AI가 무엇이냐고 묻습니다. 이럴 때 신경망이 어떤 것이고 역전파가 무엇인지 등을 설명한다면 초등학교에 다니는 아이가 이해할 수 있을까요? 아마 대부분의 초등학생에게는 어려운 이야기일 것입니다. 그보다는 "AI는 컴퓨터가 사람처럼 생각하게 하는 것인데, 예전에는 몇 가지 규칙대로만 생각할 수 있었어. 그런데 이제는 진짜로 사람이 생각하는 방법대로 생각할 수 있게 되어서 많이 똑똑해졌지."라는 정도로 이야기해 주면 충분하겠죠.

이번에는 새로 만들고자 하는 게임을 사업부 사람들에게 설명한다고 생각해 보죠. 게임을 만드는 사람들은 보통 '재미'를 중심으로 이야기하기 쉽습니다. 이 게임은 이래서 재밌고 그래서 사람들이 많이 할 거라는 식이죠. 하지만 사업부 사람들이 주로 관심을 갖는 것은 '매출'입니다. 게임이 얼마나 재미있는지보다는 이 게임이 돈을 얼마나 벌어들일 수 있을지에 더 관심을 두는 것이죠. 따라서 사업부 사람들을 내 편으로 만들고 싶다면 어떻게 해서 매출을 만들어 낼 것이고 그 규모는 어느 정도가 될 것인지를 설명해야 합니다.

이렇게 듣는 사람이 이해하기 쉬운 어휘와 관점으로 커뮤니케이션을 해야 합니다. 쉬운 일은 아니지만 어떻게든 상대방이 이해할 수 있는 언어를 찾아내려고 노력해야 하죠. 그것이 커뮤니케이션의 성공 가능성을 높여줄 것입니다.

상대방이 편하게 들을 수 있도록 하자

- 상황 1: 산만하고 말썽을 많이 피우는 아이에게 따끔하게 한 마디 하려고 한다. 그런데 옆에는 아이의 장난감이 진열되어 있고, TV에서는 아이가 좋아하는 만화가 나오고 있다. 과연 아이는 부모의 말에 집중할 수 있을까?
- 상황 2: 퇴근하려는 동료에게 할 말이 있어 잠시 이야기를 나누려고 한다. 과연 그 동료는 말하는 사람의 이야기에 진심으로 귀 기울여 줄까?

사람은 생각보다 환경의 영향을 많이 받습니다. 시끄러운 환경과 조용한 환경, 물건이 어질러져 있는 공간과 깔끔히 정리되어 있는 공간, 막 자고 일어난 시간과 이제 곧 잠자리에 들어야 할 시간, 응원하는 스포츠 팀이 이겼을 때와 졌을 때, 이 모든 것이 우리의 상태를 시도 때도 없이 바꾸고 있죠. 그리고 이러한 상태 변화는 우리의 집중력과 판단력에 영향을 미칩니다.

물론 이 모든 것을 일일이 다 고려할 수는 없습니다. 하지만 적어도 상대방이 불편해 할 만한 상황을 피하는 것 정도는 신경 쓰는 것이 좋겠죠. 커뮤니케이션은 첫 시도에서 실패하면 두 번째 기회가 잘 주어지지 않습니다. 따라서 불편한 장소와 시간은 가급적 피하는 것이 좋고, 상대방이 내 이야기를 들을 준비가 되어 있지 않다고 생각되면 좀 더 적당한 때를 기다리는 것이 목적을 달성하는 데 도움이 됩니다.

커뮤니케이션에서 오고 가는 것은 메시지만이 아니다

커뮤니케이션은 정보를 전달하고 어떤 결과를 만들어 내기 위한 것이지만, 동시에 사람 사이에 이루어지는 교류의 한 형태이기도 합니다. 커뮤니케이션이 진행되는 동안 말하는 사람과 듣는 사람 간에는 유대감이 형성될 수도 있고, 그 반대가 될 수도 있죠. 또한 커뮤니케이션의 내용에 따라 각자 상대방에 관해 어떤 평가를 내리기도 합니다.

따라서 말하는 사람은 커뮤니케이션 과정이 커뮤니케이션에 참여하는 사람 모두에게 좋은 경험이 될 수 있도록 주의를 기울일 필요가 있습니다. 그러면 애초의 목적을 달성하는 것뿐만 아니라, 상대방과 좋은 관계를 형성하게 되는 효과까지도 얻을 수 있습니다.

✔ 팀장 업무 셀프 점검하기

☐ 커뮤니케이션 대상자를 충분히 이해하고 있나요?

☐ 상대방이 이해하기 쉽게 소통했나요?

• 상대방이 불편해 하는 상황에서 커뮤니케이션을 진행하지는 않았나요? 어떠한 분위기에서 커뮤니케이션을 했나요?

32
커뮤니케이션에 도움이 되는
심리학 기술 세 가지

 **오늘의 목표**

☑ 커뮤니케이션에 도움이 되는 심리학 요소를 실제로 활용해 보기

어떤 심리학 실험에 의하면, 호텔에서 손님에게 환경보호를 위해 수건을 재사용해 달라는 메시지를 전달했을 때보다, 다른 손님도 한 번 이상 수건을 재사용하고 있다는 메시지를 전달했을 때 수건의 재사용률이 무려 26%나 더 높았다고 합니다. '환경보호'라는 대의보다는 '다른 사람들이 어떻게 행동하고 있는지'가 사람의 행동에 더 큰 영향을 미치는 것이죠.

많은 사람들은 인간을 이성적이고 합리적인 존재로 봅니다. 하지만 인간은 생각보다 비합리적인 판단을 많이 합니다. 마음속에 이미 존

재하는 어떤 규칙에 따라 생각이 정해질 때가 많죠. 그것을 연구하는 것이 심리학이고, 그것을 대표적으로 이용하는 분야가 마케팅이죠. 어떤 목적을 이루고자 하는 커뮤니케이션 역시 이런 마음의 규칙을 이해하고 진행하면 성공 가능성을 더 높일 수 있습니다.

1. 경계심을 푼다

사람에게는 '경계심'이라는 것이 있습니다. 살아남기 위해서는 나를 위협하는 요소들을 늘 경계하지 않으면 안 되죠. 그런데 이런 경계심은 말하는 사람이 목적을 이루는 데 방해가 됩니다. 그래서 메시지를 전달하기 전이나 또는 전달하는 중에도 상대방의 경계심을 풀어내려는 노력이 필요합니다.

해법은 생각보다 어렵지 않습니다. 일단 상대방에 대한 칭찬이나 감사의 말로 대화를 시작합니다. 업무 메일을 보낸다고 한다면 내가 원하는 것을 이야기하기 전에, 상대방이 우리 프로젝트의 성공에 기여하는 부분과 그런 협조에 내가 감사하고 있다는 이야기로 글을 시작하는 것입니다. 운이 좋다면 상대방이 내가 필요로 하는 것 이상으로 많은 것을 나에게 돌려줄 수도 있습니다. 아니면 당장에는 아니지만 그 사람의 마음속에 나를 향한 우호적인 마음이 싹트고 있을 수도 있죠.

공통점을 인식시키는 것도 효과가 있습니다. 우편을 통해 설문조사를 할 경우 보내는 사람의 이름을 받는 사람의 이름과 비슷하게 적는 것만으로도 응답률이 상당히 올라간다고 합니다. 예를 들어 받는 사람 이름이 '임지나'이면 보내는 사람 이름에 '이진아'를 적어 놓는 것이죠. 경계심의 반대쪽에는 나와 통하는 사람을 찾는 마음이 있습니다. 경계심이란 결국 안전을 추구하는 마음이고, 안전은 나와 비슷한 사람과 있을 때 더 크게 느껴지니까요.

마지막으로 대화를 할 때 상대방이 한 말을 반복하는 것도 효과가 좋습니다. 웨이터를 통한 심리학 실험에서 주문을 받은 후에 손님의 주문을 반복하여 말하고 떠나면 팁을 70% 더 받았다고 합니다. 상대방으로 하여금 존중받고 있다는 기분을 느끼게 해주기 때문입니다. 여러분도 대화 도중 상대방이 질문을 하거나 어떤 말을 하면 그 말을 한번 반복해 보세요. 아마 대화가 더 잘 풀릴 것입니다.

칭찬과 감사의 말로 시작하고, 상대방과의 공통점을 언급하며, 상대방이 한 말을 한번 반복하면 됩니다. 시도해 볼 만하지 않은가요?

2. 사람은 얻는 것보다 잃는 것에 민감하다

- 그냥 1,000만 원 받기
- 동전을 던져 앞면이 나왔을 때만 2,000만 원 받기

당첨금을 수령할 수 있는 방법으로 위와 같은 두 가지가 있다고 생각해 보죠. 두 경우 모두 평균적으로 1,000만 원을 가져가게 됩니다. 하지만 사람들의 선택은 대부분 첫 번째 방법에 편중된다고 하네요. 얻을 수 있는 1,000만 원을 얻지 못하게 될까 봐 두렵기 때

문이죠. 심지어 두 번째 방법에서 앞면이 나왔을 때 가져가는 돈을 2,500만 원으로 올려도 사람들은 첫 번째 방법을 더 많이 선택합니다. 두 번째 방법의 평균 이익이 더 높은데도 말이죠.

사람은 이익보다 손실에 더 민감합니다. 쓰지 않는 물건인데도 버리지 못하는 것은, 그것이 쓸모가 있어서라기보다는 쓸모 있는 상황이 왔을 때 그 물건이 없을까 봐 걱정이 되어서죠. 계속 가지고 있었으면 누렸을 효용을 못 누리게 되는 '손실'이 두렵기 때문입니다.

따라서 메시지를 전달할 때 이익보다는 손실 위주로 전달하는 것이 목적을 달성하는 데 더 도움이 됩니다. 인공지능을 도입하면 회사의 이익을 늘릴 수 있다는 메시지보다, 인공지능을 도입하지 않으면 경쟁자에게 시장을 뺏길 수 있다는 메시지가 더 설득력을 갖는 것이죠. 물론 이것이 어떤 위협처럼 보여서는 안 됩니다. 능숙한 부동산 중개업자는 "지금 결정하지 않으면 이 집을 살 수 없습니다."라고 말하지 않죠. "오늘 아침에도 어떤 신혼부부가 이 집을 보고 갔습니다."라고 말할 뿐입니다.

3. '네'를 말하게 하라!

> 사람들과 이야기할 때 그들과 다른 의견을 갖고 있는
> 문제를 먼저 논의하지 말라. 동의하는 것부터
> 말을 시작하고 계속 그것을 강조하라.
> 데일 카네기, 《인간관계론》 중에서

사람들은 자신의 입장을 바꾸는 것에 부담을 느끼죠. 그래서 자신이 과거에 한 말이나 행동의 정당성을 계속 유지하려고 합니다. 영업 사원들이 쓰는 '문턱 전략'은 바로 이러한 면을 파고드는 겁니다. 일단 작은 허락을 받아내고 나면 더 큰 허락을 받아내기가 수월해지는 것이죠.

자신의 입장을 유지하려고 하기 때문에, 한번 '아니요'라고 말하면 '네'를 이끌어 내는 데 장애가 된다고 합니다. 그래서 상대방이 '네'라고 대답할 수밖에 없는 질문으로 대화를 시작하고 이끌어 가는 것이 말하는 사람에게 유리하죠. 예를 들어 밖에 비가 오고 있다면 "지금 밖에 비가 오나요?" 같은 질문을 던질 수 있을 것입니다.

'네'라는 대답을 계속 이끌어 내기 위해서는 상대방을 이해할 필요가 있습니다. 상대방의 입장을 이해하고 상대방의 관심사를 알아야 하며, 상대방이 납득할 수 있는 방향으로 이야기를 풀어나가야 하는 것이죠. 내가 하고 싶은 이야기 위주로 대화를 풀어나가서는 상대방으로부터 '네'라는 대답을 보장받기 어렵습니다. 결국 '네'를 말하게 하는 것은 말하는 사람과 듣는 사람 사이에 공감대를 형성해 가는 과정이라고 할 수 있습니다. 그리고 일단 공감대가 형성되고 나면 커뮤니케이션의 목적을 달성하는 것은 한결 수월해집니다.

만병 통치약은 아니다

심리학의 법칙이 모든 상황에서 유효한 것은 아닙니다. 모든 사람에게 동일하게 적용되지도 않죠. 하지만 통계적으로 봤을 때 많은 사람에게 영향을 끼치는 것으로 알려진 내용들입니다. 따라서 **상황에 따라 꽤 유효하게 작용할 수 있는** 도구를 하나 확보한다고 생각하면 좋을 것 같습니다.

마케팅 영역에서는 이미 심리학을 적극적으로 활용하고 있습니다. 그것이 모든 고객에게 효과를 발휘하지는 못하지만, 상당히 많은 고객에게 성공적으로 작용하고 매출 향상에도 기여하게 됩니다. 프로젝트에서는 수많은 커뮤니케이션이 반복됩니다. 심리학의 법칙을 활용해 일부 커뮤니케이션의 품질을 높일 수 있다면 프로젝트의 성공 가능성은 분명 높아질 것입니다. 심리학을 더 알고자 한다면 로버트 치알디니의 《설득의 심리학》을 추천합니다.

팀장 업무 셀프 점검하기

☐ 대화 중 우호적인 분위기를 만들기 위해 노력했나요?

☐ 이익보다는 손실을 중심으로 대화를 진행했나요?

33
오해 없는 커뮤니케이션은
이렇게 완성된다

오늘의 목표

☑ 오해를 줄일 수 있는 방법으로 명확한 커뮤니케이션 하기

프로젝트를 진행하면 많은 커뮤니케이션을 경험하게 됩니다. 커뮤니케이션의 횟수가 많은 만큼 커뮤니케이션과 관련된 이슈도 많이 발생하죠. 그런 이슈들 중에서 흔하게 볼 수 있는 것 하나가 바로 '오해'입니다. 말하는 사람의 의도와 듣는 사람의 해석이 일치하지 못한 채 커뮤니케이션이 끝나는 것을 말하죠. 이런 오해는 시간이 한참 지난 후에 잘못되었음을 발견하게 될 때가 많아서, 처음에는 대단치 않았던 오류가 나중에는 큰 문제를 일으키기도 합니다.

사람 간의 커뮤니케이션에서 오해를 완전히 없애기는 어렵겠죠. 하지만 업무에 문제가 없을 만큼 오해의 여지를 줄이는 것은 가능합니다. 여기서 나열하는 몇 가지만 신경 써도 잘못된 의미 전달로 프로젝트가 자원을 낭비하는 상황을 크게 줄일 수 있을 것입니다.

사실과 판단을 구분해 주자

어떤 서비스를 이용하는 고객의 수가 매일 5,000명 정도를 유지하다가, 업데이트를 진행한 다음 날부터 4,000명 정도로 급락했다고 생각해 보죠. 일간 사용자 수가 5,000명에서 4,000명으로 줄어든 것은 '사실'입니다. 그리고 업데이트를 진행한 다음 날부터 줄어든 것도 '사실'이죠. 하지만 '업데이트에 문제가 있어 고객이 줄어들었다'는 것은 아직 사실이 아닐 수 있습니다. 확인되기 전까지는 사실이라기보다 '판단'이라고 보는 게 맞겠죠.

이런 경우에 "업데이트에 문제가 있는 것 같습니다."라는 표현으로 커뮤니케이션이 이루어질 수 있습니다. 그리고 말하는 사람의 입장에서는 '것 같습니다'라는 표현을 넣어서 '판단'이라는 의미를 담았다고 생각할 수 있죠. 하지만 듣는 사람은 "업데이트에 문제가 있습니다."라고 받아들일 수도 있습니다. 사람은 문장의 미묘한 차이를 무시해 버리는 경우가 종종 있기 때문이죠.

따라서 "업데이트에 문제가 있을 수도 있고, 업데이트와는 상관없는 다른 원인이 있을 수도 있지만, 일단 업데이트의 영향 때문인지 확인이 필요할 것 같습니다."와 같이 사실과 판단을 헷갈리지 않을 만한 문장으로 쓰거나 말하는 것이 좋습니다.

돌려 말하지 말고 명확하고 분명하게 전달하자

나와 협업하는 프로그래머가 매번 기본적인 오류 확인도 안 하고 결과물을 넘겨준다고 생각해 봅시다. 그런 행동은 프로젝트의 자원을 낭비하는 요소로 분명 수정이 필요한 상황입니다. 그런데 프로그래머에게 기본적인 오류 확인을 요구하는 것은 자칫 그 사람의 기분을 나쁘게 할 수 있고, 관계를 악화시킬 수도 있죠. 그러다 보니 돌려 말하거나 아니면 그냥 그 상황을 받아들이고 마는 경우들이 생깁니다. 만약 이런 상황이라면 상대방에게 오류 확인을 하고 넘겨달라고 분명하게 요청해야 합니다. 그래야 프로젝트가 더 원활하게 진행될 수 있고 성공에 더 가까워질 수 있습니다. 상대방의 기분을 건드리지 않기 위해 명확한 의사 전달을 피하기보다는 내용을 분명하게 전달하면서도 감정을 상하지 않게 하는 방법을 찾아야 합니다.

다행히도 이런 방법에 관한 연구가 이미 많이 진행되었습니다. 상대방을 존중하는 표현으로 대화를 시작하는 것, 이슈를 사실 위주로 간결하게 표현하는 것, 긍정적인 문장으로 마무리하는 것 등이 도움이 되겠죠. 예를 들면 "늘 제 시간에 작업물을 넘겨주셔서 감사드립니다. 그런데 종종 넘겨주신 프로그램이 제대로 실행되지 않아서 테스트가 예정된 시간에 시작되지 못하는 경우가 있습니다. 프로그램 실행과 같은 간단한 테스트를 한 후 넘겨주시면 전체 프로젝트 일정에 많은 도움이 될 것 같습니다."와 같이 이야기할 수 있을 것입니다.

원하는 바를 마지막에 한번 더 정리하자

가끔은 말이 조금 길어질 수도 있습니다. 혹은 상대방이 이해하기에 복잡한 내용을 이야기할 수도 있죠. 그래서 상대방이 내가 이야기하고 싶은 것이 무엇이었는지 감을 못 잡는 경우가 생깁니다. 그나마 상대방에게 이해가 부족하다는 인식이 있다면 다시 물어볼 테니 큰 문제가 안 될 수도 있습니다. 문제는 상대방의 머릿속에 자기 나름의 해석이 자리를 잡아서 그것이 잘못된 해석인 데도 불구하고 커뮤니케이션이 종결되어 버리는 경우죠.

이것을 방지하기 위해서는 커뮤니케이션의 마지막에 내가 전달하고자 했던 바를 다시 정리해 주어야 합니다. 앞의 내용을 다 잊어버렸어도 괜찮을 정도로 내용을 충분히 담고 있으면서 동시에 세 문장 정도로 짧게 정리된 문장을 다시 언급해 주면 좋죠. 그러면 상대방이 내 의도를 잘못 이해하는 경우가 크게 줄어들 것입니다.

만약 세 문장 정도로 정리가 안 되는 내용이라면 내용의 양이 너무 많다고 볼 수 있습니다. 그럴 때는 큰 범주를 먼저 확실히 이해시키고 상대방이 잘 이해했다는 것이 확인된 후에 작은 범주로 들어가 이야기를 추가로 진행하든가, 아니면 이야기의 흐름을 기준으로 몇 단계로 나눠 앞부분을 확실히 이해한 후에 다음 부분을 진행하는 것이 좋습니다. 말하자면 전체에 대한 이해를 한번에 요구하지 말고 조금씩 확실하게 이해하도록 해야 한다는 것이죠.

듣는 사람이 같이 확인해 주면 더 좋다

여기에서는 말하는 사람의 입장에서 생각해야 할 것들을 정리했습니다. 하지만 오해 없는 커뮤니케이션을 위해서는 듣는 사람의 태도도 중요한 역할을 하죠. 특히 자신이 이해한 것을 한번 더 표현해 주는 것은 커뮤니케이션의 오해를 줄이는 데 매우 큰 영향을 미칩니다.

예를 들어 무엇을 해달라는 요청에 대한 간단한 응답도 "네, 알겠습니다."라고 하면 커뮤니케이션이 온전히 진행되었는지 확인할 길이 없습니다. 이럴 때 "네, OOO 하겠습니다."라고 대답하면 자신이 이해한 바를 표현할 수 있고, 잘못 이해한 경우에는 상대방이 내 이해를 수정할 기회를 얻을 수 있겠죠. 둘이 함께하는 모든 활동이 그러하듯이 커뮤니케이션도 양쪽의 노력이 함께 이루어질 때 더 완벽에 가까워집니다.

✅ 팀장 업무 셀프 점검하기

☐ 사실과 판단을 구분하여 커뮤니케이션하고 있나요?

☐ 중요한 메시지를 명확하게 전달했나요?

☐ 내가 말하거나 들은 내용을 한번 더 정리했나요?

34
구성원의 말을 잘 들어주는
리더가 되고 싶어요

오늘의 목표

☑ 올바른 방법으로 다른 사람의 말 경청하기

커뮤니케이션에 관심을 가진 사람이라면 많이 들어봤을 말이 바로
'경청'이죠. 경청은 커뮤니케이션에 있어 매우 중요하고 또 효과가
좋습니다. 사람들은 자신이 중요한 존재로 여겨지기를 바라고 끊임
없이 타인의 관심을 필요로 하는데, 경청은 그런 관심을 가장 직접
적으로 체험하게 해주죠.

그런데 경청은 생각보다 쉽지 않습니다. 이야기를 하는 사람은 자신
이 잘 알고 있는 이야기를 풀어내는 것이지만, 듣는 사람은 어떤 이
야기가 나올지 모르는 상태에서 따라잡아야 하기 때문이죠. 그래서

말하는 사람보다 더 많은 에너지를 소모합니다. 게다가 '경청'이라는 것은 듣는 것만을 말하는 것이 아닙니다. 말하는 사람이 만족감을 느낄 수 있도록 하는 것을 포함하고 있죠. 경청은 단순한 '행위'가 아니라 '기술'에 가깝다고 할 수 있습니다. 그러면 구체적으로 어떤 기술이 경청에 필요할까요?

상대방의 말을 끊지 말자

말을 하다가 가장 기분이 상할 때는 내 말을 끊는 경우일 것입니다. 누군가 내 말을 끊는다는 것은 내가 하려는 행동을 제지하는 것이며 대화의 주도권을 강제로 빼앗아 가는 것과도 같습니다.

말을 끊지 않으려면 내가 말하고 싶은 욕구를 참아낼 수 있어야 합니다. 상대방의 이야기를 듣다 보면 나에게도 말하고 싶은 이야기가 생길 수 있죠. 특히 상대방과 다른 의견을 가지고 있을 때 그 의견을 피력하고 싶은 마음이 강하게 들 수 있습니다. 하지만 참아야 합니다. 말하고 싶은 마음은 알겠지만 자신의 욕구를 먼저 채우려고 하는 순간 '경청'은 깨지게 됩니다.

말을 끊지 않는 것이 좋지만 가끔은 말을 끊어야 할 때도 있죠. 카페에서 커피가 나왔을 때처럼 제3의 상황에 대응해야 할 때도 있고, 말이 너무 길어져서 듣는 사람의 피로도가 클 때도 있습니다. 그럴 때는 "말을 끊어서 죄송하지만"을 앞에 붙이면 좋겠죠. 그러면 상대방이 느끼는 부정적인 감정이 어느 정도 누그러집니다. 그리고 뒤에 말을 끊은 이유를 붙여주면 더 좋겠죠. "말을 끊어서 죄송하지만,

커피가 나온 것 같은데 커피 가져오고 나서 계속 이야기하시죠."라는 식이 될 것입니다. 사과의 표현도 있고 상대방이 납득할 만한 이유도 있기 때문에 경청의 분위기를 계속 유지할 수 있습니다.

듣고 있다는 신호를 보내자

'경청'이라는 것은 '진심으로 관심을 가지고 듣는 것'을 이야기합니다. 그런데 그런 진심을 듣는 사람만 알고 있어서는 안 되겠죠. 말하는 사람에게도 듣는 사람의 진심이 전달되어야 합니다. 즉 말하는 사람 입장에서 상대방이 경청하고 있는 느낌을 받을 수 있도록 해야 하는 것이죠.

상대방에게 경청의 느낌을 전달하는 가장 쉬운 방법은 추임새를 넣는 것입니다. 아무 말 없이 듣고만 있으면 내가 잘 듣고 있는지, 아니면 흘려듣고 있는지 상대방이 알 수 없습니다. 이럴 때 "그렇군요!", "정말요?" 같은 추임새만 있어도 경청의 느낌은 훨씬 잘 전달됩니다.

단순한 추임새보다 더 좋은 것은 상대방의 말을 반복하는 것입니다. 예를 들어 거래처와의 소통이 어렵다는 상대방의 말에 "거래처와 소통하는 것이 어렵군요." 같은 반응이 경청하고 있다는 메시지를 더 잘 전달하는 것이죠. 다만 너무 길게 하면 상대방의 말을 끊는 것이 될 수도 있으니 가급적 짧은 문장으로 하는 것이 좋습니다.

또한 가급적 시선은 상대를 향하도록 하는 것이 좋습니다. 추임새를 넣을 때마다 시선을 한 번씩 맞춰주기만 해도 효과가 좋을 것입니다.

긍정의 반응을 보여주자

'잘 듣고 있다'는 메시지만 전달해도 효과가 있지만, '나도 그렇게 생각한다'는 메시지를 전달할 수 있으면 더 좋겠죠. 소위 '맞장구'를 치는 것입니다. 소통의 어려움을 토로하는 앞의 예에서 "거래처와의 소통이 어렵군요."라고 하는 것보다 "거래처와의 소통은 쉽지 않죠."라고 할 수 있으면 더 좋을 것입니다.

사람은 자신과 닮은 사람에게 호감을 느낍니다. 이름만 비슷해도 호감을 느끼는 게 사람이죠. '맞장구'는 상대방의 생각과 내 생각이 비슷하다는 것을 알려줍니다. 우리 둘 사이에 공통점이 있다는 것을 명시적으로 선언하는 것이 되죠. 따라서 말하는 사람에게 긍정적인 감정이 고조되고 대화에 더 몰입하게 됩니다.

맞장구에는 또 다른 메시지도 포함됩니다. 바로 '나도 이 대화가 즐겁습니다'라는 메시지이죠. 말하는 사람 입장에서는 자신은 즐겁게 이야기하고 있지만 듣는 사람은 힘들 수도 있다는 부담감이 있습니다. 그런데 맞장구는 듣는 사람도 대화에 즐겁게 참여하고 있다는 인상을 주죠. 그래서 부담 없이 이야기를 이어나갈 수 있게 해줍니다.

편안한 분위기에서 시작하자

편안한 환경에서 대화를 시작하는 것도 사소하지만 매우 중요합니다. 대화가 짧게 마무리된다면 어느 환경에서 하더라도 큰 무리가 없을 것입니다. 하지만 대화가 길어지면 편안한 환경이 적지 않은 도움이 됩니다.

예를 들어 복도에서 마주쳐서 갑자기 대화가 시작될 수 있습니다. 짧은 이야기라면 서서 이야기를 나눠도 되겠지만, 이야기가 길어질 것 같으면 앉아서 이야기할 수 있는 곳으로 이동하는 것이 좋습니다. 거기다 간단한 음료라도 같이 나눌 수 있으면 더 좋겠죠.

긴 대화는 말하는 사람도 힘들지만, 듣는 사람은 더 힘듭니다. 그리고 체력적으로 힘든 상황에서는 경청을 지속하는 것이 어렵죠. 따라서 경청의 분위기를 오래 유지하고자 한다면 최대한 편안하게 들을 수 있는 환경을 준비해야 합니다.

경청은 강력한 무기다!

커뮤니케이션을 통해 목적을 이루기 위해서는 상대방이 내 이야기에 귀 기울이게 만들어야 합니다. 나에게 우호적인 태도를 갖게 만들 필요도 있죠. 둘 다 쉬운 일이 아닌데요. 경청은 이 두 가지를 가능하게 해줍니다.

자신의 이야기를 진심으로 들어주는 사람에게 상대방은 우호적인 태도를 갖겠죠. 그리고 자신의 이야기를 진심으로 들어준 만큼 자신도 그 사람의 이야기를 진심으로 들어야겠다는 생각을 하게 됩니다. 받은 만큼 돌려주어야 한다는 관념이 현대인에게는 존재하니까요.

따라서 대화를 통해 무언가를 이루고자 하는 사람일수록 다른 사람의 말을 경청할 수 있어야 합니다. 그리고 이왕이면 효과적인 방법으로 경청을 해야겠죠. 잘 듣는 것이 목적 있는 커뮤니케이션의 시작이며 열쇠라는 것을 기억하세요.

35

협상을 해야 할 때
무엇을 준비하면 좋을까요?

오늘의 목표

☑ 협상에 들어가기 전에 필요한 것 준비해 놓기

협상은 양자가 모두 만족할 수 있는 결론을 도출해 내기 위한 과정입니다. 그 안에서는 조금이라도 자기 쪽에 더 유리한 결론을 이끌어 내기 위해 온갖 기술이 동원되죠. 그리고 그런 기술들이 만들어 내는 차이가 누적되면 개인과 조직, 프로젝트에 큰 영향을 미치게 됩니다. 따라서 협상에 임하기 전부터 만족스러운 협상 결과를 위해 만반의 준비를 할 필요가 있습니다. 충분한 준비를 하지 못한 채 협상에 임하면 마땅히 얻어야 하는 것을 얻지 못하는 상황이 벌어질수 있습니다.

가능한 모든 정보를 확보하라

기본적으로 핵심 이슈를 충분히 파악하고 있어야 합니다. 그리고 그이슈에 상대방은 어떤 입장을 가지고 있는지, 그 입장 뒤에 존재하는 이해관계가 무엇인지 알고 있는 것이 좋겠죠. 상대방이 중요하게 생각하는 가치는 무엇인지, 상대방은 어떤 스타일의 커뮤니케이션을 하는지 등도 알고 있으면 좋습니다. 사실 수집 가능한 정보라면 무엇이든 다 수집해 놓는 것이 도움이 되겠죠. 물론 상대방뿐만 아니라 나 자신과 내가 속해 있는 조직도 제대로 알고 있는 것이 중요합니다. 자신을 모르는 사람이 별로 없을 것 같지만, 스스로를 객관적으로 평가할 수 있는 사람은 생각보다 많지 않습니다.

협상을 구성하는 요소를 이슈, 나, 상대방으로 봤을 경우 이 세 가지에 관해 가능한 모든 정보를 수집한다고 생각하면 될 것 같습니다. 이때 주의할 것은 사실과 추론을 구분하는 것이죠. 추론을 사실로 착각하면 협상을 난관에 빠뜨릴 수 있으니 조심해야 합니다.

협상이 깨졌을 때의 대안을 생각하라

협상에 임하기 전에 반드시 협상이 결렬되는 시나리오를 면밀히 검토해 보아야 합니다. 협상을 말하는 것 중에 칼날과 칼자루에 비유하는 표현이 있죠. 누가 칼날을 잡고 있고 칼자루를 잡고 있는지에 따라 협상에 미치는 영향력이 크게 달라진다는 말입니다. 자신이 처한 상황을 정확하게 인지하는 것은 협상에 있어 가장 중요한 사항이라고 할 수 있습니다.

협상이 결렬되었을 때의 시나리오를 제대로 인지하지 못하면 칼날을 잡고 있는데 강하게 나갔다가 협상을 그르칠 수도 있고, 반대로 칼자루를 잡고 있는데 적당한 선에서 타협하여 더 얻을 수 있는 이익을 놓칠 수도 있습니다. 특히 상대방이 협상에 능한 사람이라면 여러 가지 기술을 동원하여 나를 흔들려고 할 수 있기 때문에, 협상이 결렬되었을 때 어떤 일이 벌어질지를 명확히 알고 있는 것이 더욱 중요해집니다.

능숙한 협상가들은 칼날을 잡고 있으면서도 협상의 주도권을 획득하는 데 탁월한데요. 그런 사람들을 상대할 때 이 부분을 명심하고 있으면 주도권을 잘 지킬 수 있을 것입니다.

협상이 깨졌을 때의 대안은 협상의 결과에 상당한 영향을 미칩니다. 따라서 내가 가지고 있는 대안이 좋지 않다면 상황이 좋아질 때까지 협상을 미루거나, 또는 더 좋은 대안을 먼저 개발해 놓는 것도 좋은 선택이 됩니다.

상대방이 받아들일 수 있는 제안을 만들어라

많은 사람들이 어떻게 하면 상대방으로 하여금 내가 원하는 옵션을 선택하도록 할 수 있을지 고민합니다. 하지만 애초에 그 옵션이 상대방의 입장에서 선택할 수 없는 옵션이라면 어떤 방법을 쓰더라도 내가 원하는 결론을 만들어 낼 수 없겠죠. 오히려 관계를 악화시키기만 하고 끝날 수도 있습니다.

AI 연구 팀에서 제품개발 팀에 AI 도입을 제안하는 상황을 가정해 보죠. AI 조직에서는 AI의 장점을 어필하고 AI 도입을 통해 누릴 수 있는 이익을 나열할 것입니다. 경쟁사에서 AI를 어떻게 활용하고 있는지도 공유하겠죠. 당연히 제품개발 팀에서 AI 도입을 환영할 것이라고 생각했는데, 막상 협의를 진행하고 보니 제품개발 팀의 태도가 미온적이라 실망하고 답답해 합니다.

AI 연구 팀이 확인하지 못한 것은 제품개발 팀이 지금 AI 도입이라는 제안을 받아들일 수 있는 상황인지 여부입니다. 제품개발 팀은 이미 꽉 찬 일정으로 정신없이 돌아가고 있습니다. AI 도입이 유익한 것은 알고 있지만 당장 눈앞의 목표를 달성해야 하기 때문에 AI 도입에 자원을 할당할 여력이 없죠. 그런 상황에서는 아무리 좋은 제안이더라도 쉽게 받아들이기 어렵습니다.

제안을 수용하기 위해서는 비용 등 여러 요소가 조건을 만족해야 합니다. 그런 요소들을 하나씩 검토하여 상대방이 내 제안을 받아들일 수 있을지 따져본다면 협상을 진행하기 전에 협상의 성공률을 높일 수 있을 것입니다.

예측하기 힘든 상황일수록 준비가 중요하다

'열 길 물속은 알아도 한 길 사람 속은 모른다.'는 속담이 있습니다. 그만큼 사람의 마음은 예측하기 어렵죠. 그런데 협상은 사람의 마음을 상대로 하는 것입니다. 상황을 보고 그때그때 대처하려고 하면 제대로 대처하기 어렵습니다. 최대한 준비를 하고 임해야 변화하는 상황에도 잘 대응할 수 있겠죠.

리더는 종종 협상에 참여하게 됩니다. 그중에는 조직과 구성원에게 큰 영향을 미치는 협상도 있죠. 그래서 리더에게는 협상과 관련한 기술이 꼭 필요합니다. 협상을 못하면 조직과 구성원에게 큰 부담을 안겨줄 수 있습니다. 따라서 좋은 리더가 되려면 좋은 협상 기술을 한번쯤 생각해 보세요.

✅ 팀장 업무 셀프 점검하기

☐ 협상에 필요한 정보를 충분히 확보하고 있나요?

☐ 협상이 깨졌을 때의 대안은 마련되어 있나요?

☐ 상대방이 받아들일 수 있는 제안을 가지고 있나요?

협상을 도와주는 태도들

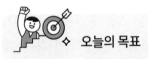

오늘의 목표

☑ 여기에서 말하는 태도를 염두에 두면서 협상 진행해 보기

협상은 이해관계를 가지고 있는 당사자들이 함께 문제를 해결하는 과정입니다. 그래서 여러 가지 커뮤니케이션 형태 중에서도 아주 예민한 커뮤니케이션에 해당하죠. 작은 태도나 행동에 의해 국면이 크게 달라질 수 있습니다. 따라서 평소에는 중요하게 생각하지 않았던 것들도 협상에 임할 때는 주의 깊게 살펴볼 필요가 있습니다. 팀과 프로젝트에 큰 영향을 미치는 결정을 사소한 태도 하나로 그르쳐서는 안 되겠죠.

한 번에 하나의 이야기만 하라

머릿속에 있는 생각을 모두 말로 꺼내는 사람이 있습니다. 심지어 혼잣말을 밖으로 내뱉기도 하죠. 협상에서 내 머릿속의 생각을 한 번에 다 꺼내놓으면 상대방은 그중 자신에게 유리한 것을 골라 이야기를 진행할 수 있습니다. 그러면 쉽게 협상의 주도권이 상대방에게 넘어가죠. 특히 상대방에게 질문을 던진 후에 부연 설명을 이것저것 덧붙이는 경우가 있는데, 그러면 상대방이 곤란한 질문에서 빠져나갈 수 있는 여지를 스스로 제공하는 셈이 될 수 있습니다.

따라서 일단 한 장의 카드를 오픈했다면 그 카드로 활용할 수 있는 것을 최대한 활용할 때까지 다른 카드는 잘 숨겨놓는 것이 좋습니다. 그러다가 새로운 카드가 필요하다고 판단될 때 다시 한 장의 카드를 오픈하는 것이죠. 말을 많이 한다고 해서 협상을 리드하는 것은 아니라는 사실을 인식해야 합니다.

감정을 조절하라

협상에서 배제해야 하는 감정이라고 하면 대체로 분노 같은 부정적인 감정을 떠올립니다. 하지만 심리학에서는 분노나 우울 같은 부정적인 감정뿐만 아니라 기쁨 같은 긍정적인 감정들도 이성적인 사고를 방해한다고 합니다. 따라서 협상에서는 부정적인 감정뿐만 아니라 긍정적인 감정도 제어해야 합니다.

협상에 임하기 전에 누군가와 말다툼을 해서 화가 났다거나 자녀에게 사랑한다는 말을 들어서 기분이 좋아졌다면 최대한 그 감정을 가라 앉히고 협상에 임해야겠죠. 협상을 시작하기 직전에 접촉을 자제하고 평정심을 확보하는 시간을 갖는다면 도움이 될 것입니다.

협상을 진행하는 도중에도 마찬가지입니다. 좋은 쪽이든 나쁜 쪽이든 협상에서는 상황이 계속 변하게 되는데요. 그런 변화에 감정적인 동요가 생기는 것을 경계해야 합니다. 그래야 합리적인 의사결정에 더 다가갈 수 있겠죠.

여유를 가져라

시간에 쫓기는 것만큼 합리적인 의사결정을 방해하는 것도 드문 것 같습니다. 간단한 장난감을 평소에 1분이면 조립하던 사람도 막상 누가 옆에서 시간을 재고 있으면 1분을 훌쩍 넘기는 일이 종종 발생하죠. 그만큼 사람은 '쫓기는' 상황에서 올바른 판단과 행동을 하는 것이 어렵습니다.

따라서 쫓겨서 결정해야 하는 상황은 만들지 않는 것이 좋습니다. 가급적이면 급하게 결정하지 않아도 되는 상황에서 협상을 시작하는 것이 좋죠. 그러면 협상 중에 좀 더 합리적인 판단을 내릴 수 있습니다.

홈쇼핑을 자세히 보면 고객이 '쫓기는' 상황을 만들어 내려고 하는 것을 알 수 있습니다. 그걸 보면 중요한 의사 결정을 하기 전에 여유를 만들어 내는 것이 얼마나 중요한지 알 수 있겠죠.

평소의 평판에 신경 쓰라

당신이 정직하고 공정한 거래를 한다는 평판은
협상가로서 갖는 가장 중요한 자산일 수 있다.
로저 피셔, 윌리엄 유리, 《YES를 이끌어내는 협상법》 중에서

우리가 살면서 하게 되는 협상 중에는 서로 잘 알고 있는 사람끼리 진행하는 경우가 많습니다. 그리고 이런 경우에는 상대방에 관한 인식이 협상에 큰 영향을 미치죠.

프로젝트 일정과 관련한 회의에서 작업물을 원래 일정보다 빨리 넘겨달라는 요청을 받았다고 생각해 보죠. 요청을 해온 팀을 신뢰하고 있을 때와 충분한 신뢰가 없을 때 요청에 대한 나의 반응은 꽤 달라질 것입니다. 당연히 상대방에게 어떤 요구를 할 때도 나를 향한 상대방의 신뢰와 인식이 상대방의 반응에 영향을 미치겠죠.

따라서 평소의 내 평판에 신경을 써놓는 것이 좋습니다. 같이 일하는 사람들에게 믿을 만한 사람이라고 인식된다면 어떤 종류의 협상이 됐든 좀 더 유리한 입장에서 진행할 수 있을 것입니다.

태도나 습관은 한번에 달라지지 않는다

지식은 한번에 수정이 가능하지만 태도나 습관은 한번에 고쳐지지 않죠. 협상을 진행하는 태도나 말할 때의 습관 같은 것은 평소에 꾸준히 노력해서 수정해야 합니다. 그래서 어렵기는 하지만 한번 수정

해 놓으면 특별한 노력을 기울이지 않아도 지속적으로 효과를 발휘하게 됩니다.

협상에 있어 정보를 수집하고 전략을 설정하는 것은 무척 중요하죠. 하지만 애써 충분한 정보와 좋은 전략을 준비하고도 잘못된 태도나 습관 때문에 협상을 그르칠 수도 있습니다. 때로는 사소하게 여겼던 것이 일을 어렵게 만들기도 한다는 사실을 잊지 마세요!

✅ 팀장 업무 셀프 점검하기

☐ 협상 중에 한번에 여러 이야기를 꺼내지는 않았나요?

☐ 평정심을 유지하면서 협상에 임했나요?

☐ 여유가 없는 상황에서 의사결정을 하지는 않았나요?

• 좋은 평판을 유지하기 위해 평소에 어떻게 애쓰고 있나요?

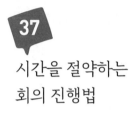

37
시간을 절약하는
회의 진행법

오늘의 목표

☑ 시간을 낭비하지 않는 회의 진행해 보기

여러 사람이 머리를 맞대고 결정해야 할 안건이 있으면 회의를 진행하죠. 그런데 정해진 시간을 다 소비하고도 결론을 제대로 내리지 못하고 끝나는 회의들이 있습니다. 쉽게 결론을 내리기 어려운 의제들이 있겠죠. 하지만 때로는 잘못된 곳에 시간을 낭비해서 토의를 충분히 진행하지 못한 경우들도 있습니다. 이런 경우들을 미리 숙지하고 대비하면 회의의 품질이 올라가고 더 좋은 결론을 만들어 낼수 있습니다.

확실한 진행 계획을 준비하자

회의 진행을 전문으로 하는 분야가 있습니다. '퍼실리테이션(facilitation)'이라고 하는데요. 이 분야의 전문가들이 가장 강조하는 것이 바로 '계획'입니다. 회의를 하면 당연히 계획을 가지고 있을 것 같지만 실제로는 제대로 된 계획 없이 시작되는 회의들도 있습니다.

새로 만들 게임의 장르를 결정하는 회의를 한다고 생각해 봅시다. 무작정 사람들을 모아놓고 의견을 내라고 하면 어떻게 될까요? 여러 종류의 의견이 무질서하게 나와서 필요 이상으로 많은 시간을 소요할 수 있습니다. 아니면 의견이 너무 나오지 않아서 시간만 소모할 수도 있겠죠.

이번에는 좀 더 계획을 가지고 하는 회의를 생각해 봅시다. 회사의 목표에 부합하기 위해서는 어떤 고객 집단을 대상으로 해야 할지 논의하고, 그 대상이 주로 즐기는 게임 장르에는 어떤 것들이 있는지 살펴본 다음, 각 장르의 장단점 목록을 만듭니다. 그리고 그 장단점 목록을 기반으로 최종적인 결정을 내리는 것이죠. 이런 계획을 가지고 회의를 진행하면 같은 시간을 진행하더라도 훨씬 더 밀도 있는 회의가 가능할 것입니다.

같은 말이 반복되지 않게 하자

계획이 부족해서 회의 시간이 길어지기도 하지만, 진행상의 문제 때문에 길어지기도 합니다. 대표적인 것이 같은 말이 반복되는 경우이죠. 예를 들어 두 사람이 서로 엇갈린 의견을 가지고 있을 때 서로 자기 의견이 옳다고 번갈아 가며 이야기하는 경우가 있습니다. 이때 새로운 근거를 제시하면 괜찮은데, 이미 제시했던 근거를 단순히 반복하여 말하는 상황이 생깁니다. 그러면 이야기가 진전되지 못하고 시간만 소모하게 되죠.

이런 상황에서 당사자들은 자기 주장을 관철시키는 데 집중하고 있기 때문에 시간이 낭비되고 있다는 사실을 간과하기 쉽습니다. 따라서 리더가 적절히 개입하여 반복되는 이야기를 중단시킬 필요가 있습니다. 그리고 논의를 새로운 단계로 진전시켜야겠죠.

이런 과정에 도움이 되는 것은 역시 '기록'입니다. 회의에서 나오는 내용을 모든 사람이 볼 수 있는 곳에 기록하면서 진행하는 것이죠. 화이트보드가 될 수도 있고, 모니터 화면이 될 수도 있습니다. 회의에서 얘기되는 내용이 기록되고 있으면 논의가 반복되는 상황이 시각적으로 쉽게 드러납니다. 이야기는 하는데 새로 기록되는 내용은 없고, 또 이미 기록되어 있는 것이 눈에 보이니까요. 같은 이야기의 반복을 예방하는 효과도 있고, 반복된 이야기를 하는 사람을 진정시키는 데도 도움이 됩니다.

주제를 벗어나지 않게 하자

회의 시간을 낭비하게 만드는 주범이 하나 더 있습니다. 바로 주제와 상관없는 발언으로 시간을 소비하는 경우이죠. 본인의 머릿속에서는 그것이 주제와 어떤 관련이 있어 떠올랐겠지만 사실은 언급할 필요가 없는 이야기들이 있죠. 그런 이야기들은 생각이 나도 입 밖으로 내지 않는 것이 정상이지만, 간혹 그것을 참기 어려워하는 사람도 있습니다.

이럴 때 이야기 중이더라도 과감하게 그 발언을 끊어내고 회의를 원래 주제로 돌려놓아야 합니다. 한번 주제에서 벗어난 이야기가 나오면 꼬리를 물고 다른 이야기가 계속 나올 가능성이 있기 때문이죠. 단호하게 끊는 모습을 보여주지 않으면 무엇을 위해 회의를 하는지조차 불분명하게 될 수 있습니다.

시간을 두고 다시 회의를 하는 것도 고려하자

때로는 의제 자체가 어려워서 쉽게 결론을 내지 못하는 회의도 있습니다. 고려해야 할 요소가 너무 많아서 판단이 어렵거나 의제가 조직에 미치는 영향이 커서 선뜻 의견을 내기 어려운 경우 등이죠. 그래서 시간을 다 사용했는데도 결론에 이르지 못하고 맙니다. 그럴 때 회의 시간을 연장하기보다는 시간을 두고 다시 회의를 잡는 것이 더 좋을 수 있습니다.

쉽게 판단을 내리지 못하거나 의견을 개진하기 어려울 경우 시간을 연장해도 그 상황이 잘 달라지지 않습니다. 이럴 때 시간을 가지면 각자 생각이 정리된 상태에서 다시 논의를 진행할 수 있습니다. 감정적으로 의제를 대하던 사람이 있었다면 감정을 배제하고 의제를 생각할 수 있는 시간이 되기도 하겠죠. 물론 회의 사이의 시간 간격이 너무 길어서는 안 되겠죠.

마무리에도 신경 쓰자

회의 시간이 길어지지 않게 하는 것도 중요하지만, 이미 했던 회의를 다시 하지 않게 만드는 것도 필요하겠죠. 회의를 마쳤으면 회의 내용을 기록하고 회의 참석자에게 공유하는 과정이 필요합니다. 회의 시간에 모두가 합의한 것 같아도 회의가 끝나면 각자 다른 생각을 할 수도 있습니다. 따라서 회의 내용은 최대한 구체적으로 남기고 모두에게 확인시키는 과정도 잊지 마세요!

✅ 팀장 업무 셀프 점검하기

☐ 구체적인 계획을 가지고 회의를 시작했나요?

☐ 회의 중 같은 말이 반복되는 것을 적절히 제지했나요?

☐ 회의 중 논의가 주제에서 벗어나지 않도록 주의했나요?

☐ 진전이 없는 상황에서 차후 다시 회의하는 것을 검토했나요?

38

피해야 하는 회의들

◇ **오늘의 목표**

☑ 불필요한 회의를 하고 있지 않은지 점검해 보기

여러 사람이 모여서 최선의 선택을 하는 것은 좋은 일입니다. 하지만 회의에 참여하는 사람들은 회의에 소요되는 시간 이상으로 시간을 소모하게 됩니다. 그래서 불필요하게 진행되거나 비효율적으로 진행되는 회의는 팀과 프로젝트의 생산성에 나쁜 영향을 미치죠.

그런데 안 좋은 형태의 회의를 구분하는 것이 쉽지는 않습니다. 회의를 소집할 때는 그것이 필요하다고 생각해서 소집하는 것이니까요. 따라서 어떤 형태의 회의가 좋지 않은 회의인지 미리 인지하고 있는 것이 필요합니다.

단순한 정보 전달성 회의

회의 중에는 정보를 전달하는 것이 목적인 회의들이 있죠. 그런데 회의를 통해 이야기하는 방법이 좋은 것도 있지만, 그렇지 않은 정보도 있습니다. 예를 들어 우리 팀과 관련 있는 조직 개편 이야기라면 회의를 소집하는 것이 좋을 것입니다. 구성원들에게 큰 영향을 미치는 이야기이고, 구성원들이 궁금해하는 부분에 관한 질문을 받을 필요도 있겠죠. 하지만 우리 팀과 별로 관련이 없는 조직 개편 이야기는 이메일로 공유해도 크게 무리가 없습니다.

정보 공유 외에 다른 목적이 있는지 생각해 보는 것도 좋습니다. 예를 들어 단순한 성과 공유라면 이메일을 활용해도 상관없겠죠. 하지만 성과를 축하하고자 하는 목적이 있다면 회의를 소집하고 기쁨을 나누는 시간을 갖는 것도 좋을 것입니다. 또한 정보와 관련해서 논의하고 결정해야 하는 것이 있을 때도 회의가 필요할 수 있겠죠.

필요 없는 참여자가 있는 회의

잦은 회의가 고민인 사람들 중에는 들어가지 않아도 될 것 같은 회의 때문에 불만을 가지고 있는 사람들이 꽤 있을 것입니다. 회의에 꼭 필요한 사람만 참여하면 좋겠지만, 그렇지 않은 회의들도 상당히 많습니다. 회의에 필요한 사람과 그렇지 않은 사람을 구분하기 어려운 경우가 있기 때문입니다. 회의를 소집한 사람 입장에서는 꼭 필요한 사람이 빠지는 것보다 필요하지 않은 사람이 포함되는 것이 덜 부담스럽기 때문에 후자를 많이 선택하게 됩니다.

이런 상황을 방지하기 위해서는 필수 참석자와 선택 참석자를 구분하는 것이 필요합니다. 반드시 참석해야 하는 사람만 필수 참석자로 지정하고 나머지 참석자는 모두 선택 참석자로 지정합니다. 그러면 당사자 스스로 회의 참석 여부를 선택할 수 있겠죠.

동시에 회의에 관해 충분한 정보를 미리 공유하는 것도 중요합니다. 충분한 정보가 있어야 선택 참석자들이 회의 참석 여부를 정확히 판단할 수 있으니까요. 때로는 다른 사람에게 참석자를 선택해 달라고 하는 것도 좋습니다. 예를 들어 다른 팀과 협의를 할 경우 그 팀의 리더에게 참석자를 선택해 달라고 요청할 수 있겠죠.

결론이 없는 회의

결론을 내지 못하고 끝나는 회의도 비효율적인 회의의 대표적인 경우입니다. 시간 활용을 제대로 하지 못해 발생하기도 하지만, 의제 자체가 결론을 내기 어려운 경우도 있습니다. 예를 들어 새로 제작하는 게임을 2D로 만들지 3D로 만들지 결정해야 하는데 둘 다 나름대로의 장단점이 있어 쉽게 결정하지 못할 수 있죠.

이런 일을 방지하기 위해서는 '결정 과정'을 먼저 정하고 회의를 진행하는 것이 좋습니다. 투표를 통해 정한다든가 리더가 최종 의사결정을 한다든가 하는 것 등으로 미리 정해놓는 것이죠. 투표라면 투표 절차 등도 구체적으로 정해놓는 것이 좋고, 회의 시간 10분을 남겨놓고 절차를 진행한다는 식으로 시점까지 정해놓으면 더 좋습니다. 하나의 우세한 선택지가 있지 않으면 결론을 내기가 어려워지는 데, 그럴 때 결정 과정이 정해져 있으면 결론이 없는 회의는 일단 피할 수 있습니다.

관성적으로 하는 회의

회의 중에는 '그냥 하기로 되어 있으니까 진행하는 회의'가 있습니다. 반복적으로 진행하는 회의에서 많이 발생하는데요. 반복 회의를 설정할 때는 일정한 주기마다 이야기할 필요가 있어서 반복을 설정했을 것입니다. 그리고 초기에는 할 이야기가 많이 있었겠죠. 하지만 시간이 지나면 어느 시기에는 같이 나누어야 할 이야기가 없는 때도 있을 수 있습니다. 그런데 회의가 잡혀 있으니 일단 모이죠. 할 이야기가 없으면 회의는 금방 끝납니다. 하지만 모였다가 헤어지는 것만으로도 참여자의 시간은 많이 낭비되죠.

모였는데 할 이야기가 없어서 헤어지는 경우를 방지하려면 할 이야기를 미리 알 수 있으면 되겠죠. 다 함께 작성 가능한 문서나 이메일을 통해 회의 전날까지 의제를 수집할 수 있습니다. 그리고 회의 전날에 의제를 확인해 보고 다음 날 회의가 필요할지 판단하면 됩니다. 회의가 필요 없으면 참여자들에게 이번 반복 회의는 취소한다고 알려줄 수 있겠죠. 혹시 이렇게 취소되는 회의가 연속적으로 여러 번 발생한다면 아예 반복 회의 전부를 취소해도 될 것입니다. 나중에 필요해지면 다시 설정해도 되니까요.

좋은 회의는 좋은 생산성으로 연결된다

회의는 생산성에 많은 영향을 미칩니다. 좋은 회의는 조직의 생산성을 끌어올려 주지만, 잘못된 회의는 많은 사람들의 시간을 낭비하게 만들죠. 따라서 생산성에 고민이 있다면 현재 진행되고 있는 회의들을 한번 돌아볼 필요가 있습니다. 혹시 좋은 회의를 만드는 데 어려움을 겪고 있다면 '퍼실리테이션'이나 '퍼실리테이터'에 관한 책을 한 권쯤 읽어보면 도움이 될 것입니다.

✅ 팀장 업무 셀프 점검하기

☐ 전달하려는 정보가 꼭 회의를 통해야만 하나요?

☐ 필요한 참석자만 회의에 참석하고 있나요?

☐ 필요하지 않은데 관성적으로 진행하는 회의가 있는지 확인했나요?

39

잘 쓴 이메일에는
공통점이 있다

오늘의 목표

☑ 이메일 작성 시 주의해야 할 점을 알고 좋은 이메일 커뮤니케이션 해보기

업무와 관련된 커뮤니케이션을 할 때 메신저와 같은 실시간 대화 도구를 주로 사용하지만, 여전히 이메일도 많이 사용하고 있습니다. 메신저가 갖지 못한 이메일만의 장점이 있기 때문이죠. 어쩌면 메신저 없이는 업무를 진행할 수 있어도, 이메일 없이는 업무 진행이 어려울 것 같기도 하네요.

커뮤니케이션을 잘하고자 할 때는 이메일을 잘 쓰는 것을 고려하지 않을 수 없습니다. 특히 메신저나 대면 대화에 비해 이메일은 반복해서 읽는 경우도 많기 때문에 더욱 주의가 필요하죠. 게다가 짧은 문장을 주고받는 것이 아니라 긴 내용을 채워 전달하기 때문에 더 어려운 점도 있습니다. 그래서 이번에는 이메일 커뮤니케이션에 있어 생각해야 할 것을 몇 가지 정리해 보았습니다.

이메일은 비동기 시스템이다

이메일의 가장 큰 특징은 커뮤니케이션의 송신과 수신 사이에 시간 간격이 크다는 것이죠. 만나서 얘기하거나 메신저를 이용할 때는 송신과 수신이 거의 동시에 일어납니다. 하지만 이메일은 송신과 수신이 독립적으로 발생하죠.

따라서 이메일을 보낸 순간에는 아직 커뮤니케이션이 완성되지 않은 것임을 알고 있어야 합니다. 내가 이메일을 보냈다고 해서 함부로 상대방이 읽었을 것이라고 가정해서는 안 되죠. 몇 시간 뒤에 읽을 수도 있고, 며칠 지나서 읽을 수도 있습니다. 그래서 만약 상대방이 빨리 수신해야 하는 상황이라면 다른 커뮤니케이션 수단을 병용해야 합니다. 메신저 같은 동시성 수단을 이용해서 상대방에게 이메일 확인을 요청하는 것이 필요하죠.

반대로 내가 누군가로부터 이메일을 받았다면 제일 먼저 할 일은 내가 메일을 인지했다는 사실을 송신자에게 알리는 것입니다. 실질적인 업무 처리는 나중에 하더라도, 일단 메일 내용을 확인했다는 사실을 빨리 알려주면 상대방은 커뮤니케이션이 완료되었다는 것을 알 수 있게 됩니다. '내용 확인했습니다' 한 마디가 있고 없는 것이 협업 관계에서 큰 차이를 만들어 내죠.

내용을 간결하고 명확하게 쓰자

대화를 할 때 적용되는 법칙이 이메일에도 적용됩니다. 커뮤니케이션에 있어 듣는 사람이 말하는 사람에 비해 의지나 집중력이 떨어지는 경향이 분명 존재합니다. 그래서 말하는 사람은 항상 듣는 사람이 커뮤니케이션을 받아들이기 쉽도록 해줄 필요가 있죠. 자신이 원하는 메시지를 분명하게 전달하고 싶다면 말입니다.

이메일의 내용은 간결하고 분명해야 합니다. 업무적인 커뮤니케이션은 상대방의 열의가 더 적죠. 이메일을 받는 사람은 '그래서 뭐가 필요하다는 거야?'라고 생각하면서 요점을 빨리 파악하고 싶어 할 수 있습니다. 그래서 이메일을 꼼꼼하게 읽지 않는 경우도 많죠. 따라서 장황하게 쓴 이메일은 좋지 않은 이메일이 될 수 있습니다.

때로는 어쩔 수 없이 이메일의 내용이 길어질 수도 있습니다. 그럴수록 최대한 군더더기는 제거해야겠죠. 그리고 핵심 내용을 상대방이 빠르게 알아챌 수 있도록 해야 합니다. 중요한 문장에 볼드나 색채 처리를 해줄 수도 있고요. 메일의 앞뒤에 중요한 내용만 요약해주는 것도 좋은 방법입니다. 그리고 원하는 내용을 모호하게 표현하지 말고 구체적으로 기술해야 합니다.

핵심은 글을 쓰는 사람의 입장에서 이해하기 쉬운 글이 아니라, 글을 읽는 사람의 입장에서 이해하기 쉬운 글이어야 한다는 것입니다. 아무 관련 없는 사람이 봐도 대충 감을 잡을 수 있을 정도로 말이죠.

글에서도 감정과 태도가 느껴진다

업무적인 커뮤니케이션은 일상적인 대화보다는 메시지의 비중이
더 크지만, 그래도 여전히 사람들은 가능한 모든 방법을 동원해서
상대방의 태도나 감정을 알아내고자 합니다. 그게 커뮤니케이션에
임하는 사람들의 '본능'이죠. 그리고 그런 태도나 감정이 잘 감지되
는 요소가 바로 '표현'입니다.

- A: 고객 데이터베이스에 대한 접근 권한이 필요하니, 이번 주 수요일까지 처리해
  주세요.
- B: 제가 지금 고객 데이터를 확인해야 하는데, OOO 님이 고객 데이터베이스에
  대한 접근 권한을 부여해 주시면 저에게 큰 도움이 되겠습니다. 이번 주 수요일까
  지 부탁드립니다.

이 두 예문은 모두 업무 요청을 하는 예문입니다. 하지만 A의 예문
과 B의 예문이 담당자에게 똑같이 받아들여지지는 않겠죠. 어쩌면
A도 B와 똑같은 마음으로 업무 요청을 한 것일 수 있습니다. 하지
만 분명한 표현이 함께하지 않으면 상대방을 향한 존중은 전달되지
않습니다.

대부분의 사람들은 자신이 해야 할 일을 잘 알고 있습니다. 요청이
지시처럼 느껴지든 부탁처럼 느껴지든, 자신이 그 일을 해야 한다는
것은 이미 알고 있는 사실이죠. 하지만 지시를 받고 하는 것과 부탁
을 받고 하는 것은 분명히 다른 결과로 이어질 것입니다.

좋은 이메일 커뮤니케이터가 되자

얼굴을 맞대고 커뮤니케이션하는 것을 선호하는 사람들이 있죠. 분명히 그런 커뮤니케이션이 적절한 상황이 있습니다. 하지만 이메일같은 비동기 시스템이 더 좋은 경우도 있습니다. 이메일을 이용하면 업무에 집중해야 하는 사람의 몰입을 방해하지 않을 수 있습니다. 논리 정연한 의사소통을 진행하는 데도 도움이 되죠. 같은 말이 반복되는 등 커뮤니케이션에서 곧잘 발생하는 시간 낭비를 예방해 주기도 합니다. 그리고 자연스럽게 커뮤니케이션의 기록이 남습니다.

일이 급하거나 대화가 빈번하게 오고 가야 하는 상황이라면 이메일이 적절하지 않을 수도 있을 것입니다. 하지만 이메일이 적절한 상황도 많고, 실제로 비즈니스 커뮤니케이션의 많은 부분을 이메일이 차지하고 있죠. 따라서 좋은 비즈니스 커뮤니케이터가 되기 위해서는 이메일 커뮤니케이션에 능숙해져야 합니다.

✅ 팀장 업무 셀프 점검하기

☐ 이메일을 보낸 사람에게 수신 여부를 알려주고 있나요?

☐ 이메일을 읽는 사람을 생각해 간결하고 분명하게 작성했나요?

40

면접을 어떻게 진행하면 좋을까요?

 **◇ 오늘의 목표**

☑ 면접에서 지원자의 역량을 더 잘 확인하기 위한 방법 사용해 보기

사람의 역량이 곧 조직의 역량이 되기 때문에 많은 조직이 구성원의 채용을 중요하게 생각하고 있습니다.

그런데 몇 장의 서류와 몇 시간의 대화를 통해 사람의 역량을 확인하는 것은 어려운 일입니다. 그래서 이번에는 면접관의 입장에서 좋은 채용을 위해 신경 쓰면 좋은 것 몇 가지를 언급해 보고자 합니다.

긴장을 풀어주자

면접의 순간은 지원자에게 무척 긴장되는 순간입니다. 그런 긴장감을 잘 이겨내는 사람도 있지만, 긴장감에 눌려 자신의 가치를 어필하는 데 실패하는 사람도 있죠. 따라서 면접이 주는 압박감 때문에 지원자가 자신의 역량을 보여주지 못하는 일이 없도록 지원자를 압박감으로부터 벗어나게 해주려는 노력이 필요합니다.

먼저 지원자를 편안하게 대해주세요. 편한 얘기로 면접을 시작하고 점차 직무와 깊은 관련이 있는 부분으로 이야기를 발전시켜 나가면 좋을 것입니다. 지원자가 심하게 긴장하고 있는 경우에는 면접관의 눈에도 그것이 보이게 되는데, 그럴 때마다 긴장을 풀어주거나 잠시 숨을 고르게 하는 것도 좋습니다.

지원자의 말을 듣는 태도도 지원자를 긴장시키거나 반대로 긴장을 풀어주는 역할을 합니다. 지원자가 열심히 대답하고 있는데 성의 없이 듣고 있거나 서류만 들춰보고 있다면 지원자는 더 긴장하겠죠. 반면 지원자를 바라보면서 진지하게 이야기를 들어준다면 지원자는 자신의 대답에 좀 더 자신을 갖게 되고 편안한 상태에서 대화를 진행할 수 있게 됩니다.

간혹 '압박 면접'이라는 이름 아래 일부러 상대방을 긴장시키거나 당황시키는 경우가 있죠. 하지만 편안한 분위기에서 깊은 대화를 나눌 수 있다면 굳이 상대방을 압박하지 않아도 상대방의 역량이 어느 정도인지, 서류에 적혀 있는 것이 사실인지 아닌지 충분히 알아낼 수 있을 것입니다.

질문을 미리 준비해 두자

짧은 시간에 지원자를 정확히 파악한다는 것은 무척 어려운 일입니다. 지원자를 충분히 파악하지 못해 인재를 놓치기도 하고, 반대로 적절하지 못한 사람을 채용하여 프로젝트에 부정적인 결과를 초래하기도 합니다. 이런 일을 방지하고 짧은 시간에 성공적인 채용을 이루어 내기 위해서는 치밀하게 설계한 채용 과정이 필요합니다.

지원 서류를 미리 꼼꼼하게 읽는 것은 물론이고, 지원자에게 던질 질문과 기대되는 대답까지 사전에 잘 준비해 놓을 필요가 있습니다. 물론 면접을 진행하다 보면 지원자의 대답에 따라 새로운 질문 거리가 생기기도 하고, 반대로 미리 준비했던 질문이 필요 없게 되기도 하죠. 그래도 미리 질문을 준비해 놓으면 확실히 더 좋은 질문들을 던지게 됩니다. 거기에 질문에 기대되는 좋은 답과 안 좋은 답까지 미리 생각해 놓는다면 의미 없는 질문으로 시간을 낭비하는 일도 어느 정도는 줄일 수 있습니다.

면접은 시간이 제한적이기 때문에 질문을 간결하게 준비하는 것도 중요합니다. 면접관이 질문에 쓰는 시간만큼 지원자가 대답할 시간이 줄어들겠죠. 따라서 간결하면서 명확한 질문 문장을 미리 정리해야 합니다. 더불어 지원자의 대답이 중요하지 않은 얘기로 길어지면 그것도 적절히 중단시켜 주는 것이 서로에게 좋습니다.

재능을 살펴보자

면접에서는 크게 기술과 인성 두 가지를 많이 보게 됩니다. 심지어 면접 단계를 '실무 면접'과 '인성 면접'으로 나누기도 하죠. 기술과 인성은 무척 중요하며 두 가지 모두 잘 살펴야 하죠. 그런데 여기에 한 가지 더 추가해서 보면 좋은 것이 있습니다. 그것은 바로 '재능' 입니다.

어떤 사람에게는 말을 설득력 있게 하는 재주가 있을 수 있습니다. 어떤 사람은 새로운 것을 곧잘 학습하는 능력을 갖추고 있을 수 있죠. 또 어떤 사람은 현상을 추상화하여 생각하는 데 익숙할 수 있습니다. 이런 것들이 바로 '재능'에 해당합니다. 재능은 당장의 직무와 직접적인 연관이 약할 수도 있지만, 길게 보면 조직과 프로젝트에 도움이 될 수 있습니다.

기술은 조직에 들어와서 배울 수 있습니다. 경험도 조직에 합류하여 새로 쌓을 수 있죠. 그런데 재능은 인성과 마찬가지로 그 사람이 원래부터 가지고 있지 않으면 안 되는 것에 해당합니다. 재능도 후천적으로 획득할 수 있지만 오랜 시간의 부단한 노력이 필요하며, 당장 없는 재능이 나중에 생기리라고 기대하기도 어렵습니다.

대부분의 채용 과정에서 기술과 경험이 첫 번째 허들로 존재하기 때문에 기술과 경험은 부족하지만 재능을 보유하고 있는 지원자를 놓치기 쉽습니다. 이런 일을 줄이기 위해서는 지원자의 재능을 확인하려는 시도가 채용 과정에 같이 포함되면 좋을 것입니다.

충분한 시간과 노력을 기울여야 한다

채용은 참 중요하죠. 그리고 무척 신중해야 하는 과정입니다. 좋은 채용이 이어지면 프로젝트가 알아서 좋은 방향으로 나아갈 수도 있습니다. 반면 잘못된 채용은 프로젝트에 큰 부담으로 이어집니다. 이렇게 중요한 것이 채용이니만큼 좋은 채용을 위해 들이는 시간과 노력을 아까워해서는 안 됩니다. 당장의 프로젝트 업무를 진행시키는 것도 중요하겠지만, 좋은 사람을 프로젝트 구성원으로 합류시키는 것이 어쩌면 프로젝트에 가장 필요한 일일 수도 있죠. 따라서 면접과 같은 채용 과정을 번거롭게 생각하지 말고 성공적인 채용을 위해 더 집중하세요.

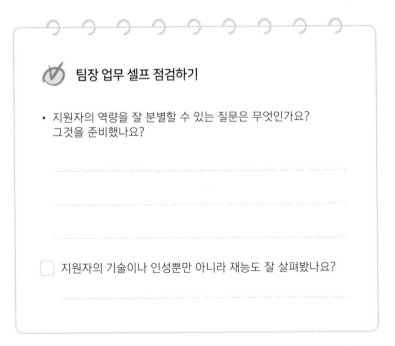

팀장 업무 셀프 점검하기

- 지원자의 역량을 잘 분별할 수 있는 질문은 무엇인가요?
  그것을 준비했나요?

☐ 지원자의 기술이나 인성뿐만 아니라 재능도 잘 살펴봤나요?

41

경력에 따라 달라지는 면접 내용

 ◇ **오늘의 목표**

☑ 지원자의 경력에 따라 어떤 면을 살펴야 하는지 이해하고 활용해 보기

면접에서 공통적으로 봐야 하는 것도 있지만, 경우에 따라 조금씩 다르게 봐야 하는 것도 있습니다. 특히 지원자의 경력 기간에 따라 중요하게 여기는 부분이 미세하게 달라지는데요. 이번에는 어떤 부분을 더 신경 써야 하는지 알아보도록 하겠습니다. 여기서 경력을 나눈 것은 저의 개인적인 기준으로 상황에 따라 달라질 수 있습니다.

주니어: 경력 2년 이하

완전 신입과 2년 정도 일한 사람은 조금 다르기는 하지만, 여기서는 함께 경력이 짧은 지원자로 묶었습니다. 이렇게 경력이 짧은 지원자를 채용할 때는 당장의 퍼포먼스에 큰 기대를 하기는 어렵습니다.

그래서 주니어를 채용할 때는 입사 후 빨리 성장하기를 기대하며 채용하게 됩니다. 당연히 성장 속도를 가늠해 볼 필요가 있겠죠. 지원하기 전에 어떤 공부를 했는지, 어떤 방식으로 접근했는지 확인하는 것이 도움이 됩니다. 예를 들어 프로그래머라면 단순히 책을 읽고 실습을 해본 것보다 완결된 프로그램을 따로 만들어 본 것이 더 좋습니다. 그만큼 적극성도 더 있다고 생각할 수 있고, 본인이 학습한 것을 더 깊게 이해하고 있다고 볼 수도 있겠죠. 게임 기획자라면 그냥 게임을 많이 해본 것보다 하나의 게임을 분석해 본 경험에 점수를 더 줄 수 있을 것입니다.

면접 준비를 얼마나 충실히 했는지도 기준이 될 수 있습니다. 이력서와 경력 기술서에 얼마나 공을 들였는지, 당일 면접을 위해 얼마나 준비를 잘 해왔는지도 중요한 요소일 수 있습니다. 성공적인 채용을 위해 많은 노력을 들인 사람은 프로젝트에 임할 때도 치밀하게 준비할 가능성이 있으니까요.

말이나 개념을 이해하는 능력을 살펴보는 것도 좋습니다. 주니어는 새로 배워야 하는 것도 많고 지시사항에 따라야 할 때가 많죠. '이해력'이 좋을수록 성장도 빠르고 맡긴 업무를 '정확하게' 처리할 수 있을 것입니다.

미들: 경력 3~10년

3년 이상의 경력을 가지고 있으면 가르쳐 주지 않아도 스스로 업무 처리가 가능한 사람이라고 봐야겠죠. 따라서 당장의 업무처리 능력과 성장 가능성을 함께 확인해야 합니다.

일단 본인이 했던 작업들을 물어보는 것이 기본이겠죠. 이때 단순히 지시사항에 따르는 정도에 머물렀는지, 일을 확장하거나 더 깊은 지식을 얻기 위해 노력했는지 살펴보는 것이 좋습니다. 예를 들어 게임 엔진을 이용해 게임을 만드는 프로그래머라면 엔진을 어느 정도까지 학습을 했는지 물어볼 필요가 있습니다. 주로 사용되는 사용법만 이해하고 있는 것보다, 엔진을 더 잘 사용하기 위해 필요한 지식들까지 알고 있거나 기존 회사에서 사용하지 않은 엔진에 관한 지식까지 알고 있다면 더 좋은 점수를 줄 수 있겠죠.

본인의 미래와 관련해 어떤 청사진을 그리고 있는지 물어보는 것도 괜찮습니다. 경력이 짧을 때는 미래와 관련해서도 모호한 상상에 머무르기 쉬운데요. 3년 이상 일을 했다면 해당 분야나 업계에 대해 어느 정도 지식이 쌓여 있기 때문에 좀 더 분명한 청사진을 그릴 수 있을 것입니다. 그리고 분명한 목표가 있으면 그만큼 성장에 유리하겠죠.

시니어: 경력 10년 이상

시니어는 당장의 역량이 중요하겠죠. 그런데 시니어는 실력의 격차가 큽니다. 따라서 좀 더 면밀하게 실력을 살펴봐야 합니다. 나아가 팀에 미치는 영향력이 크기 때문에 일과 사람을 대하는 태도도 주의 깊게 살펴야 합니다.

먼저 해당 분야를 얼마나 깊게 이해하고 있는지 살펴야겠죠. 면접이 아무리 긴장되는 상황이라고 해도 10년 이상 일을 한 사람이면 자신의 분야에 관해 알고 있는 바를 자신 있게 풀어낼 수 있어야 합니다. 만약 얕은 수준의 답변밖에 하지 못한다면 그 이상의 깊은 지식은 없다고 보면 되겠죠.

다음으로 어려웠던 상황과 그것을 어떻게 해결했는지 물어볼 수 있습니다. 문제 해결력은 조직이 시니어에게 기대하는 중요한 요소 중 하나죠. 문제에 어떻게 대처했는지를 주의 깊게 살펴보면 문제 해결력뿐만 아니라 일을 대하는 태도도 같이 가늠해 볼 수 있습니다. 간혹 크게 어려운 상황을 만나지 못했다고 대답하는 경우도 있는데요. 10년 이상 일을 하면서 큰 어려움을 겪지 못했다면 그것도 그다지 좋은 경력은 아니라고 볼 수 있습니다.

시니어는 팀의 분위기와 문화에 큰 영향을 미치죠. 그래서 철학이나 신념이 팀과 잘 맞을지 살펴보는 것도 필요합니다. 이럴 때 모범 답안이 분명하거나 너무 추상적인 질문은 좋지 않은데요. 솔직한 답변보다 적당히 자신에게 유리한 답변을 하려고 할 때도 많기 때문입니다. 그래서 일정이 부족할 때 어떻게 대처할 것인지와 같은 질문보다, 일정이 부족한데 협력 업체가 갑자기 시연을 요구한다거나 협업하는 파트너가 약속을 지키지 않아 계획대로 일을 진행할 수 없는 경우처럼 구체적인 상황 질문을 하는 것이 더 좋습니다.

기준을 확실하게 정하고 시작하자

경력에 상관없이 공통적으로 확인하는 것들이 있죠. 여기서는 그런 것들에 더해 추가적으로 생각해 볼 만한 것들을 나열한 것입니다. 이런 것들을 놓치지 않기 위해서는 기준을 확실하게 정해야 합니다. 조직에 필요한 요소가 무엇인지, 그래서 지원자의 어떤 면을 살펴야 하는지 구체적으로 정리해야 하죠.

면접마다 동일한 생각과 준비로 임하기보다는 매번 최선의 면접 과정이 되기 위해 기준을 다시 정리해 보세요. 무엇을 봐야 할지 정확히 알고 있다면 어떤 질문을 던져야 하고 답변을 어떻게 평가해야 할지는 자연스럽게 따라옵니다.

✅ **팀장 업무 셀프 점검하기**

☐ 채용을 통해 확보해야 하는 역량을 정확히 이해하고 있나요?

☐ 해당 요소들을 확인할 수 있도록 변별력 있는 질문을 준비했나요?

옳은 말을 하는 것과 설득력 있는 말을 하는 것은 서로 다르며, 옳은 말을 하는데도 사람들이 그의 말을 따르지 않고 심지어는 싫어하는 경우도 있습니다. 리더의 경우에도 말과 행동에 틀린 것은 없지만 왠지 함께 일하고 싶은 생각이 들지 않는 사람이 있죠. 리더는 사람들을 이끌어야 합니다. 리더는 사람들의 생각과 행동에 영향을 미쳐야 하죠. 따라서 사람들이 같이 일하고 싶어 하지 않는다면 그것은 리더에게 큰 결함이 될 수 있습니다.

이럴 경우 생각의 중심을 나와 조직으로부터 구성원으로 옮겨보는 것이 필요합니다. 사람들이 리더를 따르지 않는 것은 반드시 그가 틀리거나 잘못되어서가 아니라, 단지 그를 따르고 싶은 마음이 들지 않아서일 수 있습니다. 말하자면 구성원의 마음을 움직이는 요인이 없어서일 수 있다는 이야기죠.

사람들은 옳은 말에 이끌리는 것이 아니라 자신의 동기를 자극하는 말에 이끌립니다. 무엇이 옳고 그른지도 물론 중요하지만, 구성원에게 영향을 미칠 수 있는 말과 행동이 무엇인지에도 관심을 기울여야 합니다. 그러자면 불특정 다수가 아니라 본인이 이끌고 있는 구성원에 대한 이해를 쌓아야겠죠.

교육자의 사명은 지식을 전달하는 데 있지 않고 상대방을 실질적으로 성장시키는 데 있습니다. 마찬가지로 리더는 구성원에게 무엇이 옳은 길인지 설명하는 사람이 아니라 구성원이 옳은 길로 가도록 인도하는 사람입니다. '알게 하는 것'이 아니라 '하게 하는 것'이 리더의 사명이라는 것을 명심해야 합니다.

원격 회의 도구 잘 사용하기

과거에 비해서 원격 미팅을 할 일이 많아졌죠? 부분적으로 재택근무를 허용하고 있는 회사가 있고, 재택근무가 없는 회사에 다니고 있어도 외부 미팅 등을 원격으로 할 때가 있습니다. 혹은 커뮤니티 활동 같은 것을 하면서 사적으로 원격 미팅을 갖는 경우도 있죠.

비즈니스 분야에서는 좋은 회의에 관한 고민을 수십 년 동안 해왔는데요. 원격 미팅이 많아진 요즘, 어떻게 하면 원격 미팅을 더 잘할 수 있을지에 관한 고민도 마찬가지로 필요한 것 같습니다. 그래서 제가 수년간 원격 미팅에 참여한 경험을 바탕으로 원격 미팅에서 신경 쓰면 좋은 것들을 몇 가지 나열해 보고자 합니다. 제가 주로 쓰는 도구가 Google Meet이기 때문에 여기서도 Google Meet를 바탕으로 하고 있습니다.

회의 준비

중요한 프레젠테이션이 있으면 회의실에서 미리 화면도 띄워 보고 마이크도 사용해 보곤 하죠? 원격 미팅에서도 같은 준비가 필요합니다. 공유할 발표 자료가 있으면 미리 화면 공유를 테스트해 봐야 합니다. 그렇지 않고 회의에 들어갔는데 갑자기 어떤 문제로 자료 공유가 되지 않으면 회의가 제대로 진행되지 않으니까요.

화면뿐만 아니라 음향도 체크해야 합니다. 다른 컴퓨터에서 접속하여 소리가 잘 들리는지 반드시 확인해야 하죠. 특히 온라인과 오프라인을 겸하는 미팅의 경우 오프라인에서만 마이크 상태를 확인하는 경우가 있는데요. 마이크를 통한 음성이 온라인에서 깔끔하게 들리는지 반드시 확인해야 합니다.

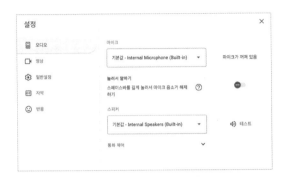

회의 시작 전에 주변 소음을 잘 차단해 주는 것도 필요합니다. 발표자나 진행자는 이 부분을 잘 챙기는데, 나머지 참여자는 듣는 입장이다 보니 깜빡 잊을 수 있습니다. 그러다가 자신이 발언권을 얻어 마이크를 켜는 순간 소음이 함께 전달되죠. 따라서 음악은 꺼두고 밖에 소음이 있다면 창문을 닫는 등 사전에 소음을 최대한 차단시켜 두는 것이 필요합니다.

에티켓

회의 중에는 발언하는 사람을 제외하고는 마이크를 꺼두는 것이 좋습니다. 원격 회의는 어떤 면에서 오프라인 회의보다 더 조용한 환경에서 진행되는데요. 그래서 마이크를 통해 들어오는 작은 소리가 다른 사람에게 생각보다 크게 들릴 수 있습니다. 사람의 말소리는 꽤 선명하게 들리기 때문에 의도치 않게 발언자를 방해할 수도 있습니다. 이것은 진행자에게도 해당되는데요. 다른 사람에게 발언권을 넘겼다면 진행자도 잠시 마이크를 꺼두는 것이 좋습니다.

원격 회의에서 굉장히 중요한 에티켓으로 '발언권을 획득한 후 이야기하기'가 있습니다. 이것은 오프라인 회의에서도 중요하지만 원격 회의에서는 더 중요합니다. 원격 회의에서는 소리가 겹치는 것을 피하기 위해 누군가 발언을 하는 동안 나머지 사람들은 침묵을 지키는데요. 그래서 손을 들지 않고 바로 이야기를 꺼내는 사람이 있으면 다른 사람들은 이야기를 꺼내기가 어렵게 됩니다. 오프라인 회의에서보다 더 어렵죠. 따라서 이야기하고 싶은 것이 있으면 손을 들고 발언권을 획득한 후 이야기한다는 규칙을 모두가 반드시 지켜줘야 합니다. 만약 그렇지 않은 사람이 있으면 진행자가 규칙을 상기시킬 필요가 있습니다.

마지막으로 사소해 보일 수도 있는 것이 하나 있는데요. 바로 반응을 보여주는 것입니다. 원격 회의는 한 명만 마이크를 켜고 이야기하기 때문에 오프라인 회의보다 더 조용한 환경이 됩니다. 그런 분위기에서 발표를 진행해 보면 마치 텅 빈 회의실에서 혼자 이야기하고 있는 듯한 느낌도 들죠. 특히 카메라를 꺼놓고 있는 사람이 많으면 더 그렇습니다. 그럴 때 '반응 보내기' 기능을 이용해서 가끔씩 반응을 보여주면 발표자에게 정서적으로 도움이 됩니다.

도구 활용

대부분의 원격 회의 도구에는 '녹화' 기능이 있을 텐데요. 회의를 녹화해 두면 좋습니다. 발표가 있는 회의라면 참여하지 못한 사람에게 발표 내용을 보여줄 수 있고, 따로 회의록을 작성하지 않아도 회의 기록이 남는 장점도 있죠. 물론 회의를 시작하기 전에 참여자들에게 녹화에 대한 양해를 구해야 합니다.

구글 스프레드시트를 하나 만들고 그 링크를 채팅 창에 공유하여 사용하는 것도 좋습니다. 스프레드시트에 모든 사용자가 자유롭게 글을 작성할 수 있기 때문에 여러 사람이 동시에 의견을 개진할 수 있고, 투표를 진행하는 것도 어렵지 않죠. 나눈 의견들이 어느 정도 기록으로 남게 되는 것도 좋은 점입니다.

이 외에도 원격 회의 도구에는 여러 기능이 있고 계속 추가되고 있으니, 회사에서 사용하는 도구에 어떤 기능들이 있는지 알아두고 사용하면 좋을 것입니다.

차근차근 나아가자!

리더가 되면 회사에서 인정받았다는 기분도 들고 일을 좀 더 주도적으로 할 수 있다는 생각도 들어 좋을 수 있습니다. 하지만 기존에는 내 작업에 대해서만 책임을 지면 되던 것이 이제는 조직의 성과를 책임져야 하기 때문에 커다란 압박감이 함께 다가오죠. 그리고 조직의 성과를 만들어 내기 위해서는 실무와는 다른 생소한 일들을 잘해야 하기 때문에 스트레스도 많이 받게 됩니다.

이런 사람들에게 가장 먼저 해주고 싶은 이야기는 바로 '마음을 편히 가지라'는 것입니다. 사람이 스트레스에 휘둘리면 몸도 마음도, 그리고 생각까지도 경직됩니다. 그래서 쉽게 처리할 수 있는 일을 어렵게 만들고 단순하게 해결할 일을 복잡하게 만들죠.

회사가 리더의 역할을 맡긴 것은 여러 후보 중 리더에 가장 적합하다고 판단했기 때문입니다. 면밀한 검토와 신중한 의사결정을 통해 리더를 정한 것이죠. 따라서 본인에게 리더의 자질이 충분히 있는지 불안해할 필요가 없습니다. 검토는 조직이 이미 다 했으니까요. 불안해할 사람은 오히려 리더를 결정한 의사결정자일 것입니다.

그리고 처음 리더의 역할을 맡게 된 사람에게 회사가 엄청난 기대를 하지는 않습니다. 준비가 덜 된 상태에서 리더가 되었다면 회사도 이미 그 사실을 잘 알고 있죠. 따라서 당장 리더로서 훌륭한 모습을 보여주기보다는 앞으로 좋은 리더가 될 수 있도록 역량을 잘 쌓아 나가기를 바라고 있을 것입니다. 그리고 거기에 필요한 시간만큼 기다려 줄 의지도 있을 것입니다.

그러니 당장 좋은 성과를 보여주어야 한다는 강박을 갖지 않았으면 합니다. 리더가 자신을 증명하려고 하면 오히려 팀과 프로젝트에 부정적인 영향을 끼칠 수도 있습니다. 그저 새로 알아야 하는 것이 무엇인지 확인해 보고 중요하다고 생각하는 것부터 하나씩 깨우쳐 나가면 됩니다. 그리고 그것을 이용해 팀과 프로젝트에 좋은 영향을 미치면 됩니다.

이 책에는 리더가 알아두면 좋을 내용이 많이 있습니다. 사실 이 책의 내용 말고도 알아야 할 것이 더 있죠. 다만 그것을 모두 한꺼번에 잘하려고 할 필요는 없습니다. 그보다는 자신이 이끌고 있는 팀과 프로젝트를 위해 먼저 필요한 것이 무엇인지 따져보고 그것부터 하나씩 깊이 생각해 보기를 권합니다.

사람이 다 다르듯 팀과 프로젝트도 다 다릅니다. 그래서 어떤 이야기는 우리 팀에 잘 맞을 수도 있지만, 어떤 이야기는 전혀 상관없을 수도 있죠. 따라서 모든 내용을 그대로 받아들이기보다는 우리 팀과 프로젝트를 생각하면서 스스로 각 내용을 비판적으로 바라보는 것이 필요합니다. 그런 과정을 통해 적합하다고 생각하는 것들만 적절히 취하면 됩니다.

위대한 리더는 짧은 시간에 만들어지지 않습니다. 오랜 시간 꾸준히 연마한 결과가 우리가 보는 위대한 리더들의 모습이죠. 그리고 그 시작은 미숙하지만 멈추지 않고 나아가는 한 걸음이었습니다. 지금 당신이 내딛는 그 발걸음과 다름이 없습니다.

그러니 너무 겁먹지 말고, 부담 갖지도 말고, 가볍게 한 걸음 떼어 보세요. 그리고 언젠가 훌륭한 리더가 되었을 때 지금의 이 한 걸음이 시작이었음을 기억하기 바랍니다.

인공지능이 생소한

일반인을 위한
생성 AI 실무 입문서!

2024년 최신 버전 반영
전면 개정판

능력과 가치를
높이고 싶다면
된다!

글쓰기, 영어 공부, 유튜브, 수익 창출도 된다!
업무부터 자기 계발까지 활용 범위 넓히기

된다!

하루 만에 끝내는
챗GPT
활용법

인공지능에게 일 시키고 시간 버는 법

인공지능 전문 유튜버 '프롬프트 크리에이터' 지음

프롬프트
엔지니어링
9가지 패턴
공개!

유튜브
무료 강의
제공!

최신
생성 AI 정보
업데이트 중

무료 동영상
강의 제공!

이지스퍼블리싱

인공지능 전문 유튜버 '프롬프트 크리에이터' 지음 | 256쪽 | 17,000원